ちくま新書

プラグマティズム入門

伊藤邦武
Ito Kunitake

1165

プラグマティズム入門【目次】

はじめに

†哲学思想としてのプラグマティズム

本書は「哲学思想としてのプラグマティズム」について、その全体的なプロフィールをできるだけ分かりやすい形でとらえてみよう、という試みである。

ここで「哲学思想としてのプラグマティズム」とわざわざ断ったのは、「プラグマティズム」という言葉そのものは、必ずしも哲学の一つの立場、哲学思想の流派だけを指すわけではないからである。現在では、もっと広い意味で、実用的なものの見方とか実際的な生き方、「何でも結果さえよければＯＫ」という発想や行動のスタイルを指すような場合にも使われている。

プラグマティズムという言葉をこうした広い意味で使うことは、けっして間違った用法だとはいえないだろう。言葉はつねに生きているものであるし、哲学の用語が日常用語としても活用されるようになるのは、しばしばあることだからである。プラグマティズムという用語を「実用主義」とか「実際主義」という意味に理解して、ある種の行動指針のようなものに対するレッテルとすることは、今日の日常用語の使い方としては正しい用法として認められているといってもよいだろう。

とはいえ、この言葉が最初に作られたときには、あくまでも哲学思想の一つの発想を表現するために導入されたのであり、その言葉がこの思想の誕生の地・アメリカ合衆国や、それを移入したヨーロッパや日本でも、だんだんに拡大解釈されて多少ともルースな仕方で使われるようになった、ということは疑いようがない。しかも、哲学思想としてのプラグマティズムは、その思想伝統のなかに非常に豊かな発想をいくつも含んでいて、けっした古びた思想とはいえない。というよりも、この哲学は二〇世紀のさまざまな思想の潮流のなかでもっとも生き延びて、二一世紀の現在でも世界のさまざまな哲学の流派の中心に位置しているといえるのである。

そうであるとしたら、私たちは「哲学思想としてのプラグマティズム」を学ぶことで、この言葉のしっかりとした意味を理解できるようになるとともに、現代における哲学の主流的発想がどんな哲学運動の発展、継承のドラマを経たうえで活動しているのかについても知ることができるだろう。

本書はプラグマティズムという名の哲学思想について、その「源流」と「少し前」、そして「これから」というものを概観してみようとするものである。源流とはまさにこの思想が誕生した、一九世紀末から二〇世紀初期の、今から一〇〇年以上前のアメリカ独自の哲学としてのプラグマティズム、つまりチャールズ・パースやウィリアム・ジェイムズなど、「古典的プラグマティスト」として知られる哲学者たちの思想のことである。そして、「少し前」とは、この思想が二〇世紀後半に復活して、アメリカに限らず広く西洋世界において中心的役割を果たすようになったとき、クワインやローティなど、いわゆる現代アメリカ哲学の中心的思想家たちが展開した、この哲学の姿である。この少し前に、これらの人々の思想はしばしば、「ネオ・プラグマティズム」と呼ばれていた。

しかし、私たちは今や、「ネオ・プラグマティズム」の時代を経て、二一世紀の哲学を模索し、形作ろうとしている。この思想はこれからどのような方向に進んでいくのか。「これから」のプラグマティズムにはどのような可能性があるのだろうか――。ある一つの思想の可能性や未来を考えることは、もちろん容易なことではないが、本書ではこの点についても何とか見通しを立ててみようと思う。

†開かれた柔軟な哲学

プラグマティズムは、非常に豊かな内容をもった哲学思想である。それは現代においてもっとも生き生きとした、若々しい思想の潮流である。しかし、その「豊かさ」とは何なのか。その生きの良さとはどこにあるのか。まず序章で、この思想の根っこの姿を押さえ、そのもっとも粗っぽい輪郭を描いておいて、それから、「源流」と「少し前」と「これから」のプラグマティズムのプロフィールを、第一章から第三章までで順番に追っていくことにしたい。

以下の歴史的な概観から浮かび上がってくるこの思想の第一の特徴は、この思想の運動が独特のダイナミズムの構造をその内に秘めていて、それが思わぬ方向に哲学を進めていく力をもっていることである。というのも、この思想は誕生以来、その内にある種の複眼的な構造を最初から宿していて、その複眼性のゆえに、時代を通じて一方に傾いたり、他方に傾斜したりという仕方で、ダイナミックな形で発展してきたからである。

さらに、この思想が二〇世紀のさまざまな思潮の目まぐるしい交代劇のなかにあって、他の哲学的伝統よりもずっと息長く継承、発展させられてきたという事実も重要である。私たちはこれまでしばしば、いわゆる「現代哲学」とか「現代思想」というレッテルで、現象学や実存主義、あるいは構造主義や論理実証主義など、いろいろな哲学の主義・思潮というものについて、耳にしてきた。しかしながら、これらの思想がその目まぐるしい興亡の歴史を展開してきた果てに、現在の時点でどのような有効性を保っているのか、ということは一度問われてもよいことであろう。

不思議なことに、プラグマティズムは時にこれらの多彩な思潮の陰に隠れて、背景へと押しやられたこともあったのだが、現在の時点で考えると、この思想こそもっとも息の長い哲学的運動であった、ということが広く認められている。そうであるとすると、この思想の長命さはどこからくるのか、ということも当然問題になるだろう。

その理由には、この思想がある特定のテーゼの正しさの主張からなるよりも、さまざまな意見や信念の交換のためのフォーマットを提供したい、という性格をもっているということにもあるだろう。

哲学思想としてのプラグマティズムは、当然ながらわれわれの認識の正しさや真理性の特徴を明らかにすることを課題とする。しかし、この課題を果たすためにこの思想が行うのは、認識の真理性の絶対的な根拠を求めることでもなければ、その可能性の理由を定義することでもない。プラグマティズムが問おうとするのは、真理を求めようとする場面にあって、われわれ人間が採用するべき対話の形式や、問答の枠組みのあり方である。それは真理や価値の最終的な決定であるよりも、その「追求」のスタイルの反省である限りにおいて、開かれた柔軟な哲学という特徴をもっており、そしてまさにこの特徴のゆえに、多くの哲学者たちのアイデアを受け入れ、吸収する力をもってきたのである。

この発展の運動が私たちの今日の世界では、どんな形になって現れているのか――。本書の後半では、現代のプラグマティズムの特徴を考察するが、われわれはそこで、二一世紀のプラグマティズムの目立った動向についていくつかの側面からアプローチしてみたい。プラグマティズムの今日の動向に関して確認される新鮮な事実としては、この思想の代表的な提唱者の多くが女性哲学者であるというような、興味深い事実も含まれることになるはずである。したがって、開かれた柔軟な哲学としてのプラグマティズム――その特徴を現代という時代において生かそうとしている女性哲学者たちの理論――について、本書の最後のほうでは触れてみることにしたいと思うのである。

パース

序章

プラグマティズムとは何か

1　複数の誕生と再生

†三つの誕生年

そもそも、プラグマティズムという思想はいつ誕生したのだろうか。

奇妙なことに、プラグマティズムには複数の誕生年――少なくとも二つ、場合によっては三つの誕生年――があるように見える。

第一の誕生年は、「プラグマティズム」という言葉そのものが最初に作られた年で、それは一八七〇年前後、今から数えると一四〇年以上前のことである。

二番目の誕生年は、プラグマティズムという考え方が一個の有力な哲学思想であることが、アメリカ内外の哲学界に向けて宣言された年であり、それは最初の誕生からは二〇年以上たった一八九八年のことである。歴史的に見るとこの思想は、ほぼこの頃から徐々に影響力を増して、アメリカ哲学における主流的立場の位置を占めるようになったといえる。

そして三番目の誕生日は、二〇世紀の中頃、特に第二次世界大戦の時代からの一時期、ある意味では思想界の背景へと退いていたプラグマティズムが、もう一度改めてアメリカ哲学界の中心へと躍り出た年であり、その年は一九五一年である。この年は正確には、プラグマティズムの誕生年というよりも、再生の年、再誕生の年といってもよいであろう。この間のアメリカの思想は、ドイツやオーストリア由来の論理実証主義の哲学に席巻されていた。しかし、一九五〇年前後から、アメリカ哲学は再びプラグマティズムへと回帰し始め、その拡大運動が二〇世紀末までに世界全体に及ぶことで、結局、二〇世紀の中心的思想という地位をえるまでに至ったのである。

一番目の一八七〇年前後に、プラグマティズムという言葉を作った、この思想の「生みの親」は、哲学者チャールズ・パースである。パースはその生涯を科学者・論理学者として過ごした思想家であるが、彼は一八七〇年前後の当時、新進気鋭の研究者として、アメリカ東海岸のアイヴィーリーグの代表ハーヴァード大学の哲学科の周辺で、友人たち数名と「形而上学クラブ（Metaphysical Club）」という名前の討論会を組織していた。彼はグループの中心人物として、このクラブの席上でこの思想の名前を初めて提起して、その重要さを訴えたのであった。

二番目の一八九八年に、この思想の意義を世界に向けて広く発信したのは、パースの生涯を通じての思想上の盟友であり、形而上学クラブのメンバーでもあったウィリアム・ジェイムズである。彼はこの年にいたるまでに、すでに世界的な名声をかちえたハーヴァード大学の心理学者・哲学者となっていた。その彼が一九世紀の最後の時期に、アメリカ西海岸にあるカリフォルニア大学バークリー校において、「哲学の諸概念と実際的効果（Philosophical Conceptions and Practical Results）」という表題の講演を行い、そのなかでこの哲学思想が一個の独立した体系的世界観、人間論、人間の知的能力や本性に関する独創的な思想であることを強く訴えた。ジェイムズの講演の後に、アメリカのみならず、ヨーロッパの各国で、この思想に共鳴する哲学者、思想家たちが名乗りをあげ、この思想は一九世紀末から二〇世紀の初頭における、西洋の有力な思潮の一つであるという評価をえた。

そして、三番目の一九五一年に、この思想の再生を促したのは、当時のハーヴァード大学のもっとも有力な哲学者・論理学者ウィラード・ヴァン・オーマン・クワインである。彼はイギリスのバートランド・ラッセルに代表される英語圏の分析哲学の、アメリカにおける代表的な継承者である。その彼がこの年に、「経験主義の二つのドグマ」という重要な論文を発表し、そこで当時有力であった論理実証主義という別の思想の根本的問題点を洗い出すとともに、これに代わるべき思想の原理として、プラグマティズムという発想の意義を説いた。

クワインは第二次世界大戦後のアメリカの最重要な哲学者であったばかりでなく、二〇世紀後半の世界の哲学界全体の進行を牽引してきた、中心的な思想家であったが、彼のこの主張によって、プラグマティズムは論理実証主義の洗礼を潜り抜けた、より洗練された哲学思想として再生した。細かくいえば、クワイン自身は自分の思想をもっぱらプラグマティズムとしてだけ特徴づけたわけではない。だが、ともかく彼の後にこの思想を継承した人々が、クワインのプラグマティズム的側面を強調する方向に思想を展開していき、この展開運動が、「ネオ・プラグマティズム」と呼ばれるようになったのである。

†第一・第二の誕生時の反響

ところで、パースが最初にこの思想を形成し、提起したとき、彼の周囲にはジェイムズだけでなく、オリヴァー・ウェンデル・ホームズ・Jr.やチョンシー・ライトらがいた。彼らは法律、哲学、医学、神学、心理学など、さまざまな分野で若手の専門家や研究者として活躍し始めていた人々であったが、このとき、アメリカの最大の内戦、南北戦争の終結からまだ五年しかたっていなかった。この戦争によって失われた命は六〇万人にも上るとされている。

彼らはこの非常に悲惨な経験の後に残された若い人たちの鋭い意識を、哲学の議論というスタイルの下で表現しようとしたともいえるが、その私的な集まりの名称として「形而上学クラブ」という名前を使ったのは、もう一度形而上学という哲学の基盤を本格的に再構築したいという意気込みからというよりも、若者に特有の屈折した自己意識というかユーモアの感覚によるものだといえるだろう。ハーヴァードに集《つど》ったパースの仲間たちは、あえて「形而上学」という古臭い名前を持ち出すことで、かえって新しい別種の思想を生み出したいという、裏返しの熱気を示そうとしたのである。

パースのこの私的研究サークル内での思想の宣言は、その後『月刊ポピュラー・サイエンス』という科学雑誌での論文シリーズとして公表されることにもなったが、その反響はきわめて限定されたものにすぎなかった。しかし、次に、ジェイムズがパースの命名の二十数年後に、この思想の内実と意義を世界に説いたときには、それに同調したり反発したりした哲学者たちは非常に多くの数に上った。

ジェイムズはバークリーでの講演の後、一九〇六年と一九〇七年に二つの研究機関で一般の聴衆向けに「プラグマティズム」という連続講演を行い、それを単行本としても刊行した。これらの講演や本に対しては、フランスのアンリ・ベルクソンやエドゥアール・ル・ロワ、ガストン・ミローなどの思想家が賞賛の意を表明しただけでなく、イギリスのF・C・S・シラーやアメリカのジョン・デューイなど、多くの賛同者が現れた。

しかし、当時の正統的な哲学の世界では、この思想を奇妙にも幼稚な青臭い哲学であると考える人も少なくなかった。この思想を軽視した哲学者たちは伝統主義的な人々に限られたわけではない。それどころか、プラグマティズムと同じく旧来の新カント主義やヘーゲル主義に反旗を翻しつつ、分析哲学というまったく別の新しい思想を構想しつつあった、彼らよりも一世代若い哲学者であるイギリスのG・E・ムーアやラッセルでさえ、この思想が極端な主観主義や相対主義であるとして、厳しい批判の論文を発表したのである。

ここでついでに記しておくと、ジェイムズの『プラグマティズム』が出版されたのは日本の明治四〇年であるが、我が国でもこの思想への興味はすぐに高まり、田中王堂らの熱烈な信奉者が出たほか、明治四五年の『英独仏和哲学字彙』(井上哲次郎ら著、丸善)にも、「実用主義」という言葉で紹介された。アメリカにいた友人の鈴木大拙からの情報を通してジェイムズの思想に接していた西田幾多郎は、大正年間の京都大学での「哲学概論」で、この思想を「実用主義」と訳したうえで、「真理とは人生にとって有用 useful なものの謂である。その外に別に永遠不変なそれ自体に於ける真理という如きものがあるのではない」と紹介していた。

†第三の誕生と論理実証主義批判

ジェイムズが活躍した後の二〇世紀前半のアメリカにおいては、プラグマティズムは内外からのさまざまな毀誉褒貶《きよほうへん》にさらされていたばかりでなく、第二次世界大戦前にヨーロッパから移入された論理実証主義の厳格な論証スタイルに圧倒されて、一時は思想的な敗退を余儀なくされた。しかし、やがてクワインがこの思想の再生を改めて宣言し、ルドルフ・カルナップらの論理実証主義に対する強力な内在的批判を展開した結果、ラッセル流の分析哲学からの分派の一つともいうべきカルナップらの思想は、大きく方向転換を行うことを余儀なくされた。

そしてクワインに続く哲学者たちとして、ドナルド・デイヴィドソン、ヒラリー・パトナム、リチャード・ローティなど、多くの人々がプラグマティズムを基調とした思想を展開し、二〇世紀後半の哲学界で活躍した。彼らは広い意味で解した限りでは、間違いなく分析哲学の流派に属する哲学者ではあるが、しかし、論理実証主義に代表されるような、実証主義特有の「事実と価値の峻別」という大原則を認めないという意味では、はっきりとプラグマティズムの陣営に数えられる。

カルナップらの実証主義にとっては、外的な世界に関する端的な科学的真理としての事実的真理以外に、道徳や美的な価値に関する真理といった、別のタイプの真理などありえない。それらは主観的な感情や信念にすぎない。しかし、プラグマティズムは真理に関するこうした科学一辺倒の態度を批判する。そして、クワイン以降の分析哲学のなかには、論理実証主義の色彩を残した立場も、プラグマティズム的傾向を強調する立場も含まれることになったが、二〇世紀後半の分析哲学の主流としては、やはり後者の傾向が大きく優勢を保ったと見て間違いないだろう。

†寄り合い所帯の救世主と裏切者

さて、プラグマティズムという思想の形成にはこのように複数の誕生年が考えられ、その発展の歴史もまたかなり長期に及んでいる。しかも、この形成と発展の軌跡の周囲には、多くの人々、さまざまな立場の哲学者が関係している。「はじめに」でも述べたように、現代思想としてのこの思想の大きな特徴は、さまざまな思潮の交代のなかで息長く続いてきた点にあった。この息の長さは、ここで見たように、この思想が複数の誕生年をもち、何度も再生してきた、というその歴史に根をもつものであろう。

しかしながら、この思想がこうした複雑な歴史的遍歴をもつということは、一方では、私たちが仮に、「プラグマティズムとはどのような思想なのか」という問いを立てても、その答えそのものがまた、複数の回答を許すもののように何となく感じられる。少なくとも、誰かが「この思想はそもそもどんな思想なのか」と訊いたとき、多くのプラグマティストたちはそれぞれ自分の考えるプラグマティズムの定義やイメージを提起するだろう。

そこで、これだけ長期にわたる思想運動において、これだけさまざまな哲学者が関わってきた以上、「プラグマティズムとは何か」という問いへの答えが、かなりバラバラな様相を見せるであろうことは、容易に想像できることである。

プラグマティズムはしっかりとした一個の思想体系や世界観ではなくて、多数の思想が寄り集まった、一種の曖昧でぼんやりとした哲学的信念の寄り合い所帯ではないのか――。われわれは場合によっては、こんな疑問をもつかもしれない。面白いことにこうした懸念は、実はこの思想の（二番目の）誕生時に、すぐに公に表明された疑問でもあったのである。

アーサー・ラヴジョイという哲学者は、ハーヴァード大学でのジェイムズの教え子であるが、彼は今日では、彼自身の哲学史の大著『存在の大いなる連鎖』の著者としてよく知られている。そのラヴジョイが、一九〇八年に、『ジャーナル・オブ・フィロソフィー』という雑誌に、「一三人のプラグマティスト」という論文を発表した（この雑誌は当時はジェイムズを中心とするプラグマティズムの牙城であり、今日でもアメリカの代表的哲学雑誌ともいえる地位を保っている。ラヴジョイのこの論文を収めた論文集は『一三人のプラグマティスト』として、一九六五年に出版された）。

彼はこの論文で、プラグマティストと自称する人々どうしが、実際には互いに非常に異なった哲学を抱いているばかりか、それらのなかには明らかに矛盾する立場も含まれているということを詳しく明らかにした。この場合、「一三人」という数には疑いもなく、「キリストばかりでなく裏切者のユダも含まれる」という意味合いが込められているのだろう（なお蛇足であるが、「この運動の救世主が誰で、裏切者は誰なのか」という問いかけは、この思想運動のはじめに提起されただけでなく、ある意味では、その後のこの運動の長い歴史においても、つねに繰り返し問われ続けた問いかけであった。このことは、本書で示すプラグマティズムの歴史の通覧が、一つの謎解きの物語としても読めるということだろう。もちろん、救世主も裏切者も、一人だけとは限らないのであるが）。

†プラグマティズムは焦点なき思想？

いずれにしても、師のジェイムズ自身が『プラグマティズム』という書物を発表したその翌年には、その拠点となる雑誌において、こうした論文が書かれるという事実を見ても、この思想の周囲にみなぎっている活気とともに、いろいろな意味での思想上の混乱というか、複雑な人間関係がからんでいたことが伝わってくる。

したがって、私たちがこれから本書で、その形成、発展、将来を考えてみようと思っているこの思想は、その誕生の時点からして少なからず混乱し、場合によっては不整合であるような思想のコンステレーション（星座布置）ともいうべき性格をもっている。その意味で、「プラグマティズムとは何かということについては、プラグマティストの数だけの答えがある」というのは、ある意味では正しい意見であるといえるのである。

とはいえ、プラグマティズムとは「何か」という問いに対して、はっきりとした一つの答えがないということは、必ずしも悪いことであるとは限らない。というよりも、こうした曖昧さは、この思想にとってむしろ当然のこと、あるいはきわめて自然な事態とも考えられる。あるいは、このことは特に強調すべき美点であるともいえるのである。

というのも、この思想は一般に、言葉の「定義」というものの意義を高く評価するべきではないと主張する。以下で詳しく見るように、私たちの知性が生み出した思想のレッテル、「何々イズム」や「何々主義」という立場が、思想それ自体としてはけっして確固たる定義をもたず、境界や輪郭がぼやけたものであり、さまざまな思想の「内容」「意味」「意義」というものは、その思想の名称にあるよりも、それが応用され、活用される場面で、具体的な利用の文脈の下でのみ、はっきり理解されるということが、この理論が主張するテーゼの一つの重要な柱であるからである。

しかも、プラグマティストたちの間には、それぞれの主張の方向や重点の置き方にさまざまな相違が見られるといっても、そのコアにある考え方、多くのプラグマティストたちを結びつけるような、焦点となる発想がまったく存在せず、バラバラな立場の寄り合いしかないのかといえば、それはまったくそうではない。互いの主張がオーバーラップすることで浮き上がるこの思想の共通点はしっかりとあって、しかもそれは必ずしも焦点のぼけた、曖昧なものではないのである。

2　ジェイムズの考えた「プラグマティズムの意味」

†方法から真理論へ

ここでは以下のプラグマティズムの思想内容の展開を追っていく作業の最初の一歩として、この思想を正面から特徴づけるとともに、その普及に最大の貢献をしたと思われる、ジェイムズの『プラグマティズム』という本をまず取り上げて、そこでの彼のプラグマティズムに対する性格づけを見てみることにしよう。

ジェイムズのこの本は、上に述べたように、バークリーでの講演の八年後、一九〇六年と翌年に、ボストンのロウエル協会とニューヨークのコロンビア大学で一般の聴衆に向けて行った連続講演、「プラグマティズム」という表題の講演シリーズを下敷きにして作られたものである。八回に及ぶ講演シリーズには、「プラグマティズムと常識」「プラグマティズムとヒューマニズム」「プラグマティズムと宗教」などの題名をもった回が含まれていたが、特に第二回の講演「プラグマティズムの意味」で、彼はこの思想の骨格をしっかりと描き出している。

「プラグマティズムの意味」とは何か――ジェイムズのこの講演における説明によれば、プラグマティズムとは元来、「方法」であり、さらに今では、「真理」の理論であるという。つまり、この思想は二つの顔をもった思想だというわけである。

この場合、プラグマティズムが「元来」方法であるというのは、この思想の最初の発案者であるパースにとって、この思想は何よりもわれわれの知的探究の「方法」に関する基本理論だということである。そして、それが「今では」真理の理論でもあるというのは、友人のパースの思想を継承拡張したジェイムズ自身にとっては、この思想を「真理論」として定式化しなおすことで、哲学上のさらに幅広い領域で活用の可能性が広がるように思われる、ということである。

ジェイムズはパースの考えた「プラグマティックな方法」について、パースの表現を多少とも彼自身の言い回しにパラフレーズしたうえで紹介する。そして、このパースの思想を自分なりの真理論へと変更した結果を、自分の理解するプラグマティズムとして表明する。そこで彼が展開する議論は、パースの主張する方法論を、真理や価値という哲学の根本原理にまで適用して反省してみるならば、この思想の革命的な性格はさらにはっきりとする、ということである。

†ジェイムズによるプラグマティズムの解説

プラグマティズムの中核的思想を説明するジェイムズの説明は、このようにかなり込み入ったものであるし、その文章も読んですぐ意味がつかめるような、単純素朴なものではない。これは彼の講演が一般の聴衆に向けたものといっても、その聴衆の多くは知識階級からなり、その意味で講演自体が初心者向けのものではなかったことにも由来している。そのために、ジェイムズの解説を読む者は誰でも、はじめはかなりとっつきにくいと感じるかもしれない。

しかし、この解説はこれから本書で扱うほとんどすべての思想家が、プラグマティズムという言葉を使うときに、まず念頭において自説を展開するよりどころとなっている文章である。その文体は、一九世紀後半の古典的プラグマティズムのものであるから、相当にもってまわった言い方になっているが、この思想のある種の古風な雰囲気に触れる機会でもあるので、とりあえずここに彼の説明の重要部分を引用しておくことにしよう。

プラグマティックな方法は元来、これなくしてはいつ果てるとも知れないであろう形而上学上の論争を解決する一つの方法なのである。……〔プラグマティズムという〕この語がはじめて哲学に導きいれられたのは、一八七八年チャールズ・パース氏によってであった。……パース氏は、われわれの信念こそ本当にわれわれの行動を支配するものであることを指摘した後で、次のように述べている。およそ一つの思想の意義を明らかにするのは、その思想がいかなる行為を生み出すに適しているかを決定しさえすればよい。その行為こそわれわれにとってはその思想の唯一の意義である。すべてわれわれの思想の差異なるものは、たとえどれほど微妙なものであっても、根底においては、実際上の違いとなって表れないほど微妙なものは一つもないということは確かな事実である。そこで、或る対象に関するわれわれの思想を完全に明晰《めいせき》ならしめるためには、その対象がおよそどれくらいの実際的な結果をもたらすか——その対象からわれわれはいかなる感動を期待できるか——いかなる反動をわれわれは覚悟しなければならぬか、ということをよく考えてみさえすればよい。(1)

プラグマティズムなる言葉は今ではもっと広い意味に、すなわち一種の真理論という意味にも、用いられるに至っている。……つまり、真理とは、彼らによれば、観念(それ自身われわれの経験の部分にすぎないものである)が真なるものとなるのは、この観念によってわれわれの経験の他の部分との満足な関係が保たれうるからであり、経験の他の諸部分を統括することができるし、また無限に相次いで生ずる特殊な現象をいちいちしらべなくとも概念的近道を通って経験部分の間を巧みに動き回れるからである、と言うに他ならないのである。いわば、何かわれわれがそれに乗って歩くことのできるといったような観念、うまく物と物との間をつなぎ、何の不安もなく動いて行き、事柄を簡略にし労力を省きながら、われわれの経験の一つの部分から他の部分へと順調にわれわれを運んで行ってくれるような観念、これがまさしくこれだけの意味によって真であり、それだけの範囲において真であり、道具という意味で真なのである。(2)

右の文章は、一つの思想についてさしあたっての見当をつけるために見ておこう、という目的のための紹介文としては、かなり長い文章の引用になってしまった。

†反デカルト主義と多元主義

プラグマティズムを説明した、ジェイムズによるこれらの文章をわれわれのスタイルでパラフレーズして、二つの議論としてまとめておくと、だいたい次のようになる。

①プラグマティズムは第一の意味では、われわれの知的な議論の素材となっている、概念や思想の「意義」というものについて、しっかりとした理解をもとうということであり、自分の概念や思想を明晰にするためにはどうしたらよいか、ということについての思想である。しかし、概念の意義ということをはっきりとさせるためには、それがどのようにして生まれたのかを問う必要がある。そこで、概念明晰化の方法を説くこの思想は、同時に、人間の知的な活動がもつべき探究方法についての理論でもあることになる。

パースのこの理論、つまり方法としてのプラグマティズムは、われわれの探究がつねに弾力的で、誤りを改訂し続ける、可謬《かびゅう》的なものであるということを主張する。それは探究が絶対的な意味で確実な知識へと至らなければならないと主張してきた、一七世紀西洋近代以来の、デカルト的な知識観と真っ向から衝突する。方法としてのプラグマティズムはその意味で、まず、「反デカルト主義」という性格を強くもつのである。

②他方、この思想はまた、より広い意味では、観念や経験の真理とは何かについての理論でもある。この真理論では、何らかの観念が真であるのは、それが「何かわれわれがそれに乗って歩くことのできる」ものであり、「うまく物と物との間をつなぎ、……われわれの経験の一つの部分から他の部分へと順調にわれわれを運んで行ってくれるような」「道具」となっている、ということである。これは簡単にいえば、真理とはわれわれの行動にとっての有用な道具であると見ることであるが、それは「真理」という概念の単なる定義にとどまるものではない。以下に見るように、真理を道具とするこの思想からは、存在論における「多元主義」や、事実と価値の区別の否定へと通じるような、世界についての古典的了解を根底から覆すような革新的な見方が導かれるのである。

†複眼的な楕円構造

哲学としてのプラグマティズムはそれゆえ、反デカルト主義と多元主義という二つの非常に大胆な主張をもっていることになる。いうまでもなく、反デカルト主義ということは、西洋近代の祖であるデカルト的発想を根本から批判して、哲学の新しい時代を開くということである。また、多元主義的な真理論を提唱することも、客観的な真理の一元性を謳い上げてきたニュートン的西洋近代の科学観に、強烈な異議を唱えることを意味している。

その意味で、哲学としてのプラグマティズムの根本的な志向を理解しようとしたら、まずこの二つの主張を理解するということに注意を払うべきだ、ということになるのである。

もちろん、この哲学のこうした根本的な特徴が、本当の意味で哲学的に革命的な思想なのかどうか、あるいは、そうした発想は哲学史的に見ていかなるインパクトをもった発想といえるのかについては、近代哲学や現代哲学のさまざまな暗黙の前提を一つずつ明らかにすることによって、初めて答えられる問題であろうし、哲学的にもいろいろな検討の必要な問題である。以下の本書の議論は、まさにこうした関心のもとで、この一〇〇年間のプラグマティズムの歴史のなかで、反デカルト主義や多元的真理観がどのような形で提案されたり、どのような方向に突き詰められたりしてきたのかを、具体的な思想家のアイデアに即して見てみよう、というものである。

しかし、ともかく、ここでさしあたっていえることは、プラグマティズム一〇〇年の歴史は、方法と真理とを焦点として形成された哲学思想の歴史だ、ということである。このことはまず間違いがない。パースとジェイムズという二人の思想家によって作られた、彼らが考えたプラグマティズムという言葉の「意味」とは何だったのか——。そこにはたしかに完全に一つの焦点には収束しない、議論のゆれ、主張のずれがある。しかし、このゆれやずれは、この思想がここまでその活力を失わずに発展できるための、いわば原動力として働いてきたものであり、けっして思想の曖昧さや脆弱さを示すものではない。

プラグマティズムはその当初の形成過程からして、少なくとも二つ以上の焦点をもった、複眼的で楕円的な思想のダイナミックな運動であった。そして、その複眼的で楕円的な思想の軌跡の数々が、現代哲学という大きなシステムの骨格を作ってきたのである。

読者は、この序章で見たことを、次の第一章「源流のプラグマティズム」のなかで、もう少し詳しく実際の議論の中身とともに理解することになるだろう。しかし、読者はまた、その次の第二章「少し前のプラグマティズム」と第三章の「これからのプラグマティズム」の議論を追っていくと、ここでとりあえず瞥見《べっけん》したこの思想の複眼的で楕円的な構造がもたらすダイナミズムが、まさにその後の二〇世紀、二一世紀の哲学運動のなかでも、さらに強度を増して保存され、あるいは振幅を増して展開され、そこから今日の私たちの時代の新しいプラグマティズム像につながっていることを、確認するはずである。

私たちはこのような道筋を念頭においたうえで、方法論や真理論としてのその実際のありさまや、その活用の可能性について、これから順番に辿ってみることにしたい。

ジェイムズ

デューイ

第 一 章
源流のプラグマティズム

1　パース

†激動する新世界の思想

プラグマティズムの第一、第二の誕生年の間には二〇年以上の年月が横たわっているが、この間にアメリカという国は非常に大きな変貌を経験していた。

チャールズ・パース（一八三九〜一九一四）がこの思想の名前を最初に考案した一八七〇年頃は、イギリスやフランス、ドイツを中心とするヨーロッパでは、植民地への帝国主義的支配による経済的膨張が極度に強まるとともに、パリ・コミューンのような革命的気運も高まってきていたが、アメリカはまだ、南北戦争のもたらした分断と相互不信、戦闘と死傷者のあふれかえるきわめて悲惨な世界から、ほんの数年を経ただけの、非常に不安定な国家であった。

ところがウィリアム・ジェイムズ（一八四二〜一九一〇）が西海岸からこの思想を国の内外の思想界に向けて発信しようとした、一九世紀から二〇世紀の変わり目は、まさにアメリカがそれまで「パックス・ブリタニカ」を謳歌してきたイギリス帝国の国力を追い抜いて、経済的にも文化的にも世界の覇者として躍り出ようとする時期にあたっていた。

たとえば、アメリカの大富豪の代名詞ともいうべきロックフェラー家の最初の成功者とされるジョン・ロックフェラーが、二六歳の若さでオハイオ州に小さな石油会社を設立して、後の石油メジャーのさきがけともいうべき活動を開始したのが一八六五年であり、また、アメリカ中西部と西海岸を結ぶ大陸横断鉄道が開通したのが一八六九年であった。これらはまさにプラグマティズム誕生の年と完全に重なっていた。

ところが、こうした事業に端を発する石油産業の驚異的成長や西部開拓運動の活発化によって、一九世紀末の時点で、ニューヨークの株式市場はロンドンのそれを売買規模で凌駕し、世界最大の取引の場となっていた。

アメリカ合衆国は、内部において深く分断され混乱した新世界から、世界に冠たる経済大国へと急速に変貌をとげつつあった。プラグマティズムという思想はまず、この激動する新世界においてこそ生まれることが可能であった、若者の思想であったともいえるであろう。

†新しい思想運動

パースとジェイムズはほぼ同年代であり、ともにハーヴァード大学に学んだ友人であるが、このハーヴァード大学を中心に新しい哲学の勃興が可能になったということには、右のような新世界の経済的な猛ダッシュとは別に、いくつかの文化的、思想的な事情が関係している。

まずその一つは、彼らが若き研究者であった時代に、南北戦争後の新生アメリカにおいて、当時の旧世界であるヨーロッパの科学の進展に追いつくためにも、アメリカ独自の科学研究の発展が必要であるということが、リンカーン大統領など国家の中枢の人々に強く意識されるようになり、その推進のためにパースらの父の世代の科学的な努力が大きく寄与していたという事情である。

そしてもう一つは、それまでのアメリカの主要大学における、二〇〇年近いピューリタン入植者以来の神学校の伝統に反するような、別種の哲学的・思想的運動がありうるのではないかという精神的気運が生まれていたことである。その中心的な役割は、ハーヴァード大学があるボストン周辺の地域で、「超越論主義（トランスセンデンタリズム）」という独自の思想によって担われていたが、そこから文芸や宗教思想に関する新しい発想が生まれていた。この運動の中心にはラルフ・ウォルドー・エマソンという哲学者がいるが、彼の周囲にはウォルト・ホイットマン、ヘンリー・ソローなどの文学者が集まり、「アメリカ・ルネサンス」とも呼ばれるアメリカ独自の思想運動を形成していた。エドガー・アラン・ポーのような特異な文学者の世界も、この運動の息吹によって可能になったのである。

このエマソンの知的サークルには、ハーヴァードの有力数学教授であったパースの父も、スウェーデンボルグ主義の宗教家ジェイムズの父も加わっていた。われわれにとってのプラグマティズムの「源流」に位置するパースやジェイムズは、この父たちの親交を通じてハーヴァードの学生生活を送ることになった。科学的知識の高度な発展への希望を高く掲げると同時に、スピリチュアルな思想運動にも共鳴をもちつづけること——これが古典的プラグマティストたちを育んだ、当時のニューイングランドに特有の知的環境である。

†形式論理学における革命

古典的プラグマティズムの最初の提唱者となったパースは、リンカーン大統領の科学アカデミー設立計画にも参与していた有力数学者の父ベンジャミン・パースの次男として、少年の頃から科学者、数学者、論理学者としての訓練を受けた。そして、父の勤める大学で、将来を有望視されて学生生活を送っていた。

父のベンジャミン・パースは、一九世紀の中頃、西洋の数学の世界で生じていた、これまでの常識を破る大規模な革命に積極的に加わって、数論から幾何学までの数学一般を、トポロジーなどを応用して抽象性の高い一般理論として体系化しようという野心的な企てを目指していた。一九世紀中頃の数学の世界でおきた大規模な革命とは、ユークリッド幾何学の公理とは異なる公理体系に従った非ユークリッド幾何学（ニコライ・ロバチェフスキーやゲオルク・リーマン）や、無限の要素をもつ集合についての研究（ゲオルク・カントール）などのまったく新しい考え方である。数学の世界におけるこうした革命は、ちょうど哲学における近代を切り開いたデカルトが、古代以来の幾何学とアラビア由来の解析学を総合して、解析幾何学の創出という革新を成し遂げたのと同じくらい大きな、科学の世界での革命であった。

パース自身は父親のこうした数学的企ての延長上に自分の研究の方向を見出し、それを形式論理学の分野における革命という、別の形で具体化するとともに、他方では、デカルト以来の近代哲学の思想的前提や問題設定を根本から批判するという仕方で、西洋近代哲学への全面的な再考という姿勢を打ち出した。私たちがこれから理解していきたいと考えているプラグマティズムの思想は、まさにこの後者の反デカルト主義的哲学観のなかから誕生したのである。

ここでは論理学の分野でのパースの業績については、ごく簡単に、ほんの一言しか触れられないが、それはこのテーマが哲学史の片隅に生じた、ほんの小さなエピソードにすぎないからではない。それどころか、パースらが引き起こした形式論理学における革命というのは、哲学の歴史を通覧してももっとも大きな出来事の一つである。というのも、カントが『純粋理性批判』のなかで述べていたように、古代ギリシア以来一九世紀前半までの哲学の世界では、論理学という学問についてはアリストテレスがすでに完成させてしまっていて、それ以降論理学には何の発展も変化もない、というのが暗黙の了解になっていたからであり、パースやゴットロープ・フレーゲらによるアリストテレス論理学の限界の突破は、この了解への決定的な破産宣告を意味していたからである。

パースはカントのカテゴリー論などの研究と並行して、父のトポロジーなどにおける空間構造の研究を行うことで、図像的に表示される「関係の論理学」のシステムを構築したが、それは内容的には、彼とまったく独立な仕方で、量化子を含む関数的な形式論理学をドイツで構築した、フレーゲの業績とほぼ同じものであった。しかも、パースとフレーゲは、まったく交流をもたずに、ほぼ同時期（一八八〇年前後）にそれぞれの体系を公にしたのである。パースの論理記号のシステムはその後、エルンスト・シュレーダーやアルフレッド・ノース・ホワイトヘッドに採用されたが、フレーゲの体系はホワイトヘッドの弟子であり、共著者ともなったラッセルによって発展させられた。われわれが本書の後のほうで見るクワインらは、ホワイトヘッドやラッセルなどの論理思想をその研究の出発点としているが、その最初の礎を築いた一人がパースであったといえる。

†反デカルト主義の哲学

さて、以上が論理学者としてのパースの業績のきわめて簡単な紹介であるが、彼は論理学や数学などの形式的な学問だけでなく、地学や天文学、物理学など、実質的な科学の分野でも活躍した。彼の職業は生涯を通じてかなりバラバラな仕事の連続であったが、そのなかで、一番長続きしたのは、合衆国沿岸測量部における地学、物理学の研究者というステータスと、ハーヴァード大学天文台での研究員というポストであった。

数学者にして科学者でもあり、しかも哲学者であったパースは、自分の使命がデカルトやライプニッツなど、過去の偉大な科学者・哲学者の批判的乗り越えにあると考えた。そこで彼は自分の哲学の最大の課題を、近代哲学の父デカルトの批判というテーマに見定めたわけであるが、その反デカルト主義の哲学はだいたい次のようにステップを踏んで展開されたといえる。

①デカルトの認識論的出発点をなしている「普遍的懐疑・方法的懐疑」という発想が、そもそも無意味かつ不可能な企てであることを示す。

②デカルトにおいては、懐疑の末に「明晰・判明な観念こそ真理である」という原理が立てられた。しかし、懐疑が無意味であるとすれば、「観念の明晰性」ということについて、別の基準・格率《かくりつ》が立てられる必要がある。われわれのもつ信念や観念は、どのようにして明晰化できるのか。彼の「方法としてのプラグマティズム」はまさにこの問題への回答である。

③この基準のもとでは、観念が明晰であることは、そのまま真理であることを意味しはしない。そこで、真理とは何かということをもう一度定義しなおす必要がある。

パースは一八七六年頃、『月刊ポピュラー・サイエンス』という科学雑誌に、「科学の論理を解明する」という表題をもつ連続論文を発表した。彼はこのシリーズにおいて、科学的探究に関わるさまざまなテーマ——たとえば帰納法の問題とか、仮説の形成の仕方など——を順番に論じたのであるが、彼が自分の「方法としてのプラグマティズム」を公に論じたテキストの中心のものは、この論文シリーズである。そこで私たちのパース理解も主としてこの論文シリーズによって進む必要がある。ただ、右の①の論点については、「科学の論理を解明する」の論文シリーズよりも八年前、彼が三〇歳の頃に、『思弁哲学雑誌』という別の雑誌に出した二本の論文で論じていたことであった。そこで私たちはまず先に、そちらの議論から見ておくことにしよう。

†デカルト的懐疑は無意味

ところで、よく知られているように、デカルトの哲学の出発点は「方法的懐疑」という新鮮な発想にあった。『方法序説』などで展開されたデカルトの哲学によれば、アリストテレス以来の旧来の科学を根本的に乗り越えるためには、まず一切の日常的信念や科学的知識を白紙に戻して、全面的な懐疑を行う必要がある。そして、全面的な懐疑の後にどのような観念がまだ精神のうちに残っているかを点検してみると、それらはすべて「明晰で判明な観念」であることが分かる。したがって、新しい科学を出発させるためには、われわれはまず全面的な懐疑を行ったうえで、何が明晰かつ判明な観念なのか、を注意しつつ探究を進めればよい。デカルトはこう考えて、懐疑から「コギト・エルゴ・スム」へと向かって、近代的な自我を確立した。

パースはしかし、このデカルトの『方法序説』のような主題について、われわれは思い切ってもう一度考え直してみる必要があるだろうという思想を展開した。彼はこのテーマを、『思弁哲学雑誌』に発表した「人間に備わっていると主張されてきたいくつかの能力への問いかけ」と「四能力の否定の帰結」という二つの論文で主張したのである。

デカルト的な探究の論理はもう一度よく考え直してみる必要がある。というのも、われわれは全面的な懐疑を行った後で、自分の精神のなかを覗いてみるといっても、われわれの精神にはそのような「内面」などないからであり、さらに、そうした内面があったとしても、懐疑という方法でそれまでにもっていた信念や知識をすべて完全に白紙撤回するということは、実際にはできないし、しても無意味だからである。

パースがこれらの論文でいうところの「人間に備わっていると主張されてきたいくつかの能力」とは、デカルト以来の西洋近代哲学の世界で、合理論と経験論の区別を越えて共通に認められてきた、人間の認識能力についてのイメージであり、それは簡単にいえば、「私たちの認識作用とは、認識主体である私が、自分の内なる観念を直接に把握する、直観する、あるいは知覚することである」という図式、つまり「思考とは内的な観念の知覚である」という考え方のことである。

パースは西洋の近代哲学に共通のこの図式において暗々裏に認められている能力を、大きく四種類に分けて、「内観」「確実な自己認識」「記号抜きの思考」「物自体の認識」と呼んだが、これらの認識能力については、心理学の実験結果から見ても、その概念そのものの整合性から見ても、大いに疑問が提出できると主張した。そして、この種のデカルト的観念説が前提する「四能力を否定」すれば、われわれは自分たちの認識についてのまったく新しい見方をもつ必要がある、とした。

†コギトとしての私はない

人間の認識能力や作用についてのまったく新しい見方とは、われわれが「記号抜きでは思考できない」ことを認め、認識主観としての自我とはまさにそれが生み出した記号の連鎖そのものであり、認識や思考とは結局、記号的な表現や言語を連鎖的に生み出し、終結のない推論の過程に参加することに他ならない、という考えである。人間とは記号ないし言語であり、記号と人間とは互いに学び合い、教え合う。記号のシステムが変化し発展するように、人間の思考も変化し、発展し、過程的に推移する。これは人間の認識が最終的には「内観」において終結し、しかも「直観」という形で端的な終わりを迎えるべきだという思想に対する、強い異議申し立てである。

人間の精神には、内観によって透視されるような透明な意識の内面などないのではないか。これは私たちの意識や思考が記号に媒介され、物質的な側面を消去できず、外界への指示的関係をもたざるをえないということであり、いいかえれば外界と隔絶したコギトとしての「私」などはない、ということである。しかし、コギトとしての私がないということは、単に精神という実体が心のうちに見出せないということではない。むしろ、そうした実体の把握に至るためにデカルトが工夫した、「普遍的懐疑」という哲学的探究の方法が、本当は実行が不可能であり無効だということである。

われわれは完全な懐疑から始めることは不可能である。われわれが出発点にしなければならないのは、哲学研究に着手しようとする際にわれわれが実際にもっているすべての先入見である。こうした先入見を一つの格率によって払拭することなど不可能である。というのも、このような先入見は、そもそも、疑われうるなどということが起こらないようなものだからである。したがって、このような端緒としての懐疑論は単なる自己欺瞞であり、実際の疑念などではないということになる。デカルト的方法の追随者であれば、誰であれ、ひとまず形式的に放棄した信念すべてを再び形式的に発見するまで、満足することはなかろう。(3)

パースはこのように、デカルトがいうような方法的懐疑や普遍的懐疑は実際には一種の自己欺瞞であり、われわれの知的活動において価値があるのは、「実際の疑念 (real doubts)」、

「本物の懐疑」であるという。彼が考える本物の懐疑とは、私たちが保持しているさまざまな信念の既存のネットワークにおいて、いくつかの疑念が生じ、その疑念を放ったままにしておいては、われわれの生の活動が支障をきたすようになるような、そういう場面で行われる問題の提起ということである。私たちは信念のネットワークにもとづいて、個々の欲求や希望を満たすべく、無数の行動へと赴いている。しかし、その行動において失敗や挫折が続くようであれば、信念のいずれかは疑われ、もう一度その信頼性を吟味する必要に駆られることであろう。

†信念と懐疑の連鎖

私たちは本来、さまざまな活動に赴きたいという本能的な傾向をもっている。私たちが知的能力を活用して、何かを認識したり信念のシステムを形成したりせずにはいられない理由は、誰にとっても活動へと赴けることが快であり、失敗や挫折は不快であるからである。そして、活動、あるいは行為、実践は、ギリシア語で「プラグマ」と呼ばれる。したがって、デカルト的な懐疑の道を否定して、行為を可能にする認識の役割を吟味しようとする彼の認識論は、行為を軸に考えられている限りにおいて、プラグマティズムと呼ばれるべきである。これがプラグマティズムという思想でまず注目されるべき、「プラグマ」

という言葉の意味である。

私たちは日々の生活のスムーズな推進の下で、無数の活動を行っているが、この推論は、信念が欲求と組み合わさることで、外界へと向かい合い、行為を遂行するための足掛かりを提供するためになされている（たとえば、卑近な例を挙げれば、私は夕飯においしいものを食べたいなという欲求をもつとともに、オムレツがおいしいだろうと想像し、オムレツを作るための材料について反省し、その材料の入手に必要な手段を整理し、その手段に関係するさまざまな条件を考慮し……、という具合に、さまざまな信念が織りなす一つの推論の連鎖が生じてくる）。

この行為の支柱としての信念のそれぞれは、しかし、つねに信頼可能で、しっかりとした基盤のあるものであるとは限らない。いくつかの信念は多様な行為の文脈を通じて、かなり信頼性の薄いもの、あるいはきわめて疑わしいものとして現れてくる可能性がある。われわれにとってそれまで十分に信頼に足りると思われていた信念が、さまざまな新しい状況下での経験を積み重ねることによって、きわめて疑わしいものと思われるようになることは、けっしてまれではない。知的探究における懐疑とは、パースによれば、こうした実際の行為の文脈のなかで疑わしいものと見なされるようになった古い信念を、真剣に吟味してみようとすることである。懐疑はこの文脈において初めて意味のある、実質的な、生きた懐疑となるのである。

したがって、われわれの知的探究における信念と懐疑とは、つねにダイナミックに入れ替わる連鎖をなしている。さまざまな信念のネットワークなくしては、具体的な懐疑はない。そして、具体的な懐疑を克服しようとする探究の遂行を経て、それまでもっていた信念は別の内容に改訂される。われわれは信念を基盤にして懐疑に赴き、懐疑から探究へと向かうことで、新しい信念に到達する。この【信念—懐疑—改訂された信念】のサイクルでは、あらゆる信念は互いに関係し合っていると同時に、すべての信念内容が潜在的には誤っている可能性がある。すべての信念は連携しあっているとともに、すべて改訂にさらされる可能性をもつという意味では、「可謬的」である。

われわれの探究によって達成される知識とは、このように、デカルトが夢見たような絶対的な確実性の基礎（コギト・エルゴ・スム）をもっとも下の基底として、明晰判明性という基準で選別された知識の層が順番に上へと重ねられていくという、樹木のような形式をもったものではない。それは互いに互いを支え合う信念のネットワークが幾重にも組み合わさったシステムとしての知識である。

†プラグマティックな格率

しかし、すべてが信念のネットワークであり、そのすべての部分が少なくとも原理的には改訂可能であるとすれば、この信念の体系には逆に「真理」という概念が当てはまらなくなってしまうのではないのか。すべての信念が絶対的な意味での確実性を否定され、いかなる信念も知識の体系の基礎という地位をえられないのであるとすれば、そもそも信念について真偽を問うこと自体が無意味になってしまうのではないのか。デカルトの認識論を根底から否定することは、実際には、そのまま知識の断念、真理の放棄につながることではないのか。

これは非常に重要な問題であるが、そのために彼が主張するのが先に反デカルト主義の哲学のところ(四三頁)で挙げた②と③の論点であり、これらは一八七七年の『月刊ポピュラー・サイエンス』での連続論文シリーズで論じられた。

彼はまず②のテーマを考えるために、こうした行為と連携した信念という発想の下で、「思考や判断、概念や命題を明晰にする」とはどういうことを意味するか、を議論する。彼がここで行うのが、「明晰・判明な観念は真理である」という「デカルトの格率」に代わるべき、「プラグマティックな格率」の導入である。先の引用にあるように、デカルトは『方法序説』などで、彼自身の方法論・認識論において、われわれが自分の精神を反省的に導いていく際に必要な指針として、「格率」というものを用意していた。格率とは、根本的な原理ではないにしても、行為指針として十分に機能するような、有意味な規則のことである。

パースによれば、デカルトの普遍的懐疑が無意味であるように、デカルトの格率「明晰判明な観念を真理の基準とせよ」も無効である。なぜならデカルトのいう意味での「明晰判明」とは、あくまでも精神の内面での観念の現れについての特徴であって、徹底的に主観的な現象であり、ほとんど個人が抱く「感じ」のようなものにすぎないからである。観念が個人にとって明晰に感じられるということと、それが実際に明晰で、活用可能な意義をもつかどうかは、まったく別のことである。思考は内面でなく、公的な場面、記号などの公共的なものを媒体にするとともに、それが行為にどのように結びつきうるのかをはっきりと示すものになっていなければならない。

懐疑を含む知的努力の意義が安定した行為の指針となるような認識を用意することであるとすれば、思考が明晰であって、判明であるということは、いかなる行為指針を提供できるかという問題に帰着せざるをえない。そこでパースは、次のような形の「プラグマティックな格率」を用いた、観念ないし信念に関する「書き換えの図式」を提案する（彼は自説とデカルトとの対比を浮き彫りにするために、自分の論文に「いかにしてわれわれの観念を明晰にするべきか」という題名をつけているが、この場合の観念はすでに、デカルトのいう意味での、内観によって知覚されるべき心のなかの対象のことではないのであるから、むしろ「信念」あるいは「文」と呼ばれるべきものである)。

「ダイアモンドは硬い」という観念・信念・文

↓「ダイアモンドを使って削ると、すべての物質にキズをつけることができる」という観念・信念・文

これは一見したところ、何のへんてつもないような文の書き換えのように見えるが、文法的には大きな変換が秘められている。見ての通り最初の文は「主語+述語」の普通の平叙文であり、単文である。一方、後ろの文は、二つの文からなる複文であり、その形式は「前件を行えば、後件が帰結する」という、前提・帰結を表す条件文である。つまり、普通の平叙文は、この「明晰化」の方法に従うと、条件文に書き換えられるというのである。

書き換えられた前提・帰結からなる条件文は、行為の指針を提供することができる。なぜなら、人が何かにキズをつけたいという「欲求」をもつとき、「ダイアモンドを使って削ると、すべての物質にキズをつけることができる」という「信念」は、この欲求実現のための基礎を与えることができるからである。

†明晰さの第三段階

さて、私たちは序章で、ジェイムズによる「プラグマティズムの意味」の説明を瞥見したが、そこでジェイムズはこの思想がまずパースによって「方法論」として提示されたと述べるとともに、パースの作った「格率」について言及していた。ジェイムズはパースの格率を彼流に多少の変形を加えて説明していたが、パースが『月刊ポピュラー・サイエンス』の第一論文、「私たちの観念をいかにして明晰にするか」において示したオリジナルの格率は次のように述べられている（なお、この格率を見ると、パースのオリジナルな文章と、ジェイムズの引用とでは、言い回しのうえで微妙な変化があることが分かる。この変化は、プラグマティズムという思想の厳密な理解という視点からは無視できないものだが、煩雑なのでここではいちいち問題にしない）。

こうして今、理解の明晰さの第三段階に到達するための規則は、次のようになると思われる。われわれがもつ概念の対象は何らかの効果を及ぼすと、われわれが考えているとして、もしその効果が行動に対しても実際に影響を及ぼしうると想定されるなら、それはいかなる効果であると考えられるか、しかと吟味せよ。この吟味によってえられる、

こうした効果についてわれわれがもつ概念こそ、当の対象についてわれわれがもつ概念のすべてをなしている。(4)

パースはここで、理解の明晰さに関する第三段階という言い方をしている。彼が意味している第一段階とは、社会的な通念のレベルでの明晰さ、あるいはわれわれが常識のもとで「自明」としているような明晰さのことである。そして、次の第二段階は、デカルト的懐疑の下での内観のレベルでの明晰さである。これに対して、彼自身のいう明晰さの第三段階とは、ある対象についての思考や概念を、その対象が「効果が行動に対しても実際に影響を及ぼしうると想定されるなら、それはいかなる効果であると考えられる」か、という形に分析しなおすことである。

パースはこの格率を「プラグマティックな格率」と呼んだが、それは私たちの思考内容を、実践や行動に臨む自分にとっての有意義さの観点から、はっきりとしたものにするべきだと考えるからであり、そして行動に臨む際の有意義さの観点とは、対象が行動に対していかなる実際の影響、効果をもつかを考える、ということである。彼はこの格率を中心にして構想された、われわれの認識や知識の本性と意義を考える哲学全体について、「プラグマティズム」という呼称を与えたのである。

†信念の真理化への道

もう少しこの意味の格率について付け加えておくと、この意味の格率は、通常平叙文で表される信念（「SはPである」）を、行為と効果との結びつきを示す条件文（「もしも行為aを実行するなら、効果eがえられるであろう」）の形に書き換えよ、と命じている。

平叙文から条件文へのこの書き換えについて、言語哲学や論理学の問題としても少しだけコメントしておくと、先に見たように、パースはアリストテレス以来の論理学における平叙文の理解を、関数と変項の形式として理解することで、フレーゲと並ぶ現代論理学の祖となれたのであった。この場合、「ダイアモンドは硬い」の形式論理的な表記は、粗っぽくいえば、「関数・硬い（x）、かつ、x＝ダイアモンド」であり、それが命題間の真理保存を主たる目的とする演繹《えんえき》的推論において、大きな威力を発揮すると考えられたのであった。

しかし、集合論的意味論に対応するこの関数表記的分析と、実践的信念の活用という立場から考えられた、平叙文の条件法的変換ということでの発想は、まったく同じアイデアとはいいがたい。そして、それらは互いに矛盾するわけではないとしても、必ずしも折り合いのよいものであるとは限らない。

したがって、パースの意味の格率ということを厳密に考えようとすると、論理学的には、さまざまなテクニカルな問題を引き起こさざるをえないことにも注意が必要である。このことについては、第二章の論理実証主義についての議論で少し触れるが、さらに、第三章で見るパースの数学論の再評価、というテーマにからめてもう一度検討することにする。しかし、ここではまず古典的プラグマティズムの基本的な発想を押さえるという文脈で、この意味分析の骨格を大づかみに理解しておくことにしたい。

ともかく、私たちの信念は、この格率を活用することで、行為において十分な意味をもつような、有意味な信念であるかどうかを判定する基準をもてるようになる。ダイアモンドの硬さの例で簡単に示されているように、われわれの平叙文の形式の主張は、仮説的な条件文へと変換されることで、行為の文脈に利用可能な有意味な文へと明晰化される。しかし、文が明晰であることは、それが真理であることではない。われわれは自分の信念の明晰化の先に、その真理化の道を探る必要がある。それでは、この問題はどうしたらよいのか。

†信念確定のスタイル

パースのプラグマティズムにとって、真理ということを解明する前述のステップ③は、以下のようなものである。われわれの行う知的な活動といっても、探究にはさまざまなスタイルがある。そのことに注目し、右のような意味での、思考の明晰化にもっとも適した探究方法は何かと考えて、そのスタイルにおいて採用されるべき真理観を、真理の新しい定義として採用するというステップである。

われわれの知的探究はあくまでもさまざまな疑いの状態から脱して、信念を固め、それに従って行動へと移れるようにする企てである。探究についてのこの定義からすれば、どんな方法でも一定の信念に到達できるならば、それでよいということになりそうである。つまり、「どんな方法でもよいから、信念さええられればよい」ということになりそうである。しかし、必ずしもそうではない、というのがパースの考えである。

信念の「固め方」にはさまざまなスタイルがある。それらをグループ分けしてみると、それぞれのスタイルには一長一短があるが、しかしそれによってえられた信念が、その後の疑いに対してもっとも頑強に抵抗できるような、長持ちのする信念の獲得法という意味では、大きな違いがある。

たとえば、信念の確定のスタイルに、「伝統に盲目的に従う」「社会的権威に従う」「理性の導くところに従う」「科学的探究の共同体の導くところに従う」という四種類があったとしよう。私たちは自分の信念を固定するために、これらのいずれかの方法に従うとすると、どの信念確定のスタイルが有意義なスタイルであるということになるだろうか。

私たちは何かを信じるために、十分な探究のプロセスを踏むこともできるし、何も考えずに頭から何かを信じておくということもできる。「伝統に盲目的に従う」ということは、さまざまな環境の変動や危険の可能性を無視して、一切の疑義をはさまずに、今ある信念をただただ信じ続けようとすることであり、しばしば「ダチョウの政策」と軽蔑的に呼ばれる方法である（ダチョウは敵が現れても、砂のなかに頭を突っ込んで「見ないふり」をするといわれている）。また、「社会的権威に従う」という方法は、自分の信念のシステムに対する何の疑問も受け入れないようにするために、現実直視を拒否するという姿勢ではないけれども、何か疑問が生じた場合に、たとえば国家の指導者の教えるイデオロギーや宗教上の絶対的指導者の教えに答えを乞うということで、やはり盲信の一種と考えられる。

これらは信念の固め方として、まったく愚かで、無価値な方策なのであろうか。もちろん、そうであるとは限らない。というのも、信念を改訂することは誰にとっても、きわめてエネルギーを要する作業であり、コストのかかるプロセスだからである。したがって、エネルギーやコストということを最大限に重視すれば、信念を確定するプロセスが迅速で、ほとんど知的努力を必要としないという点では、これらの二つがきわめて有力だということになる。

†科学的探究の方法

しかしながら、これらのスタイルは、社会の変化や環境の激変に対応できないだろうという意味では、明らかに頑健さに欠けている。信念のシステムに何らかの疑義が生じる可能性があるたびに、従来の信念に固執することだけを選択することは、他のシステムの存在を聞いたことがないような、きわめて閉鎖的な社会においてのみ有効な方法である。しかし、それは環境の激変などを経験すると、非常に大きな混乱を生みかねないという欠陥をもっている。

これに対して、理性を重んじるという方法と、科学的探究を重視するという、後者の二つの方針は、盲従ということではないので、いずれも知的な意味で大きな価値がある。ただし、それらは知的努力を必要とする以上、どちらの知的努力が有効なのか、という問題をさらに生じさせる。

この点についてパースは、デカルトのような理性にもとづく探究は、単に方法的懐疑という自己欺瞞を内包しているだけでなく、「理性」という曖昧な個人的資質に頼っている限りで、その結論は結局、個人的好みの世界にとどまってしまう危険があると考える。どのような推論が「理性にかなう」のか。それを個人のレベルでの判断にとどめている限り、それはこの個人の好みの判定と大差がないだろう。たしかに個人の好みの判定が無意味である必要はない。しかし、信念の失敗や挫折に動機づけられた懐疑と探究とが、個人的好みの判定に帰着するのは、いかにも中途半端である。

信念は改訂されるとすれば、それがコストを伴う作業である以上、固定後にはできるだけ長期にわたって活用できるもの、つまりできるだけ頑健なものであるべきであろう。そのためには、個人による好みに頼る方法はあまりにも信頼性が低い。そこで、個人的判定の段階を脱する方法が求められるが、それは複数の探究者の意見や信念を相互に批判的に突き合わせ、その合意に従ってさらなる探究を企てるという、科学的探究である。いいかえれば、探究を個人のレベルにとどめずに、探究者の共同体における決着に判定を求めるスタイルこそが、信念改訂のもっともすぐれたスタイルとして認められるべきなのであり、それはすなわち、科学的探究の方法こそがわれわれの信念の確定の方法となるべきだ、ということとなのである。

科学的探究の方法は、それが複数の探究者の共同作業によって成り立つという意味で、単独の理性的反省者の認識よりもより頑健であり、有効性が高い。しかし、科学の強みは、探究者の複数性ということだけにあるわけではない。科学的探究は、仮説の経験的テストという意味での帰納的推論と、仮説の思い付きという意味での仮説形成的推論と、法則や仮説からの予測の導出という意味での演繹的推論という、三種類の推論のパターンが互いに互いを支えるような形で、より合わされて実行されている。つまり科学的探究は、複数の異なった推論のスタイルが縄をなうような形で、互いの推論の強さを補強しあっている。

パースによれば、科学的探究が共同体的であるということと、多数の推論のスタイルの相互保証ということとは、事柄の裏表である。デカルトのように科学は形而上学という基礎を根として、そこから成長する幹のようなものではない。それは、多くの探究者と多くの仮説的推論とが、一本の縄のようにねじれ合うことで、その強さを発揮しているのである。

†「共同体の未来」と真理

ところで、われわれが了解するべき「真理」ということの意味は、探究の方法においてもっとも信頼性の高いスタイルがあった場合に、そのスタイルのもとで前提されている真理概念であるということになるだろう。しかし、われわれが考える限りでは、科学的探究の方法こそがそうした信頼性の高い探究方法である。したがって、そこから出てくる真理の意味とは、科学的知識の追求において想定されている真理概念である、ということになる。

それでは、科学的知識の共同体の想定する真理概念とは結局、いかなるものなのか。パースによればそれは、「探究の共同体という理念的な組織を考えて、そこでの探究の無際限な継続の果てに、無限の過程の収束点として考えられるような、最終的信念」のことである。真理とは目の前に直ちに見出される、すでに手に入っている信念のことではない。あらゆる信念は可謬的である以上、最終的信念として認めることはできない。しかし、そのことは直ちに、「最終的信念」としての「真理」というものが不可能で、無意味な概念だということを導くわけではない。なぜなら、この概念は、無際限な探究の継続という理念的なモデルに相関するような、理念的な存在として、無数の探究を導く力をもっているからである。

真理とは共同体と結びつき、しかも、共同体の未来の姿と結びついた概念である。真理は「いつの日か」すべての信念が総合的に体系化し、考えられる最高度の調和を体現することがあるとしたら、そのときに顕現する何物かの別名に他ならない。数学や論理学のみならず多くの分野で先駆的な科学的発見を成し遂げていたパースは、このような「共同体の未来」における意見の一致というヴィジョンを自分の真理概念とした。彼はときとして、さまざまな信念のネットワークは最終的に一つの収束点へと、結晶するべく「運命づけられている」という強い言い方をするときもあった。探究の過程が「最終的には」一つの大きな理論的調和へと「収束」すること。これが多くの科学的分野で活躍し、数学や論理学においても決定的な足跡を残したパースの抱いた、「真理」のイメージだった。

しかし、彼の後に出てくるプラグマティストたちの多く（クワイン、ローティら）は、この概念に対する強い疑念を表明することになった。そして、その疑念を最初に表明して、真理についての別の見方を提示した者こそ、次に見るパースの親友、ジェイムズであった。

2 ジェイムズ

†パースとジェイムズの違い

パースはわれわれの認識が真であるということの意味を、探究という知的活動との結びつきのもとで定義して、「真理とは、理想的な探究の無際限な継続の果てに見出されるであろう、最終的な信念の収束点のことである」と定義した。他方、パースの盟友で、彼のプラグマティズムの発想を広く世界に知られるよう努力したウィリアム・ジェイムズは、この真理観と正面から矛盾するわけではないが、その強調点においてかなり異なる、独自の真理についての理論を考案し、それを自分のプラグマティズムの中心的なテーゼとした。すでに序章で見たように、パースにおいてはこの思想は何よりも方法論の問題であり、デカルトの方法論と知識論に代わる新たな科学論、知識論を構築するということが、その課題の中心にあった。

これに対して、ジェイムズはプラグマティズムの発想そのものを、「ダイアモンドの硬さ」のような経験的概念だけでなく、「真理」や「価値」のような伝統的な哲学の中心的な概念であり、かつ、かなり抽象的な概念についても適用して、そのプラグマティックな意味を明らかにしようとした。これはプラグマティズムの発想そのものを、もう一度哲学の中心的な概念に適用しなおしてみるということである。と同時に、ジェイムズはこの思想の適用範囲を思い切って広げることで、この思想が単に科学的探究に関わる議論ではなく、人生観、宗教観、道徳観など、きわめて幅広い領域で活用できることを証明しようと試みたのである。

パースはデカルトと同じように、数学者であり論理学者であり科学者であった。それゆえ、彼は科学的探究という限られた範囲で、デカルトに代わるような、新たな方法論を考えようとした。これに対して、ジェイムズもまた、哲学者である前に科学者であったが、その専門分野は生理学、心理学であり宗教学であった。彼はいわば、より人間科学に近い領域を専門としたのである。

†心理学から哲学へ

彼の父ヘンリー・ジェイムズ・シニアはニューヨーク有数の資産家の息子として、定職をもたず、生涯をスウェーデンボルグ思想の研究と普及に捧げた、異色の思想家であった(父の父、つまりジェイムズの祖父ウィリアムは、五大湖の一つエリー湖の運河建設で巨万の富を築き上げた。これは、この章の最初に挙げた石油産業の出発や大陸横断鉄道の開始などと同じような、一九世紀中葉のアメリカにおける冒険的経済活動の成功例である)。

また、彼のすぐ下の弟ヘンリー・ジェイムズは、マルセル・プルーストやヴァージニア・ウルフなどと並ぶ「意識の流れ」の手法に従った、二〇世紀を代表とする小説家であった。父のヘンリーは息子たちをアメリカの学校に送らず、ヨーロッパの都市を転々として、その文化のさまざまな側面に接するよう指導した。

長男のウィリアム・ジェイムズは、こうしたきわめて高度な知的環境のなかで、最初は画家を目指していたが、結局、父の勧めもあってハーヴァード大学に進学した。彼は医学、生理学、心理学を修めるなかで、まずドイツの最新の実験主義的心理学のアメリカへの導入者として成功し、ハーヴァード大学での生理学教授、心理学教授、さらには哲学教授となって、最終的には当時のアメリカを代表する哲学の第一人者となったのである。

彼の心理学上の研究成果は大部な『心理学原理』（一八九〇）として示され、宗教心理学の研究も『宗教経験の諸相』（一九〇二）という作品にまとめられた。これらの著作はどちらも非常に大きな、体系的で専門的な心理学や宗教学の本ではあるが、今日の専門的学術書のように、きわめて限定された厳密科学としての専門書であるばかりではなくて、あちこちに生き生きとした哲学的議論が組み込まれている。

したがって、ジェイムズもまたパースと同様に、最初から科学者であるとともに哲学者でもあったわけであるが、専門の哲学者としてのジェイムズが最初に発表した哲学の書物は、『信じようとする意志』（一八九七）であって、哲学者としては遅咲きの思想家だったともいえる。この本の出版は、彼がカリフォルニア大学バークリー校で「哲学の諸概念と実際的効果」という講演を行い、プラグマティズムの誕生を国の内外に宣言した年の前年にあたる。

この本で、ジェイムズはわれわれの信念の形成メカニズムを論じる認識論の問題意識から、「信じようとする意志（Will to believe）」という心の作用についてアプローチするのであるが、「信じること」と「意志すること」の間にある密接な関係を見てみようということの発想は、認識論にとどまらないジェイムズの哲学体系全体にとってきわめて重要であった。そればかりでなく、この説は今日の心の哲学の文脈でも真剣に取り上げる必要のある概念であり、また、プラグマティズムの歴史を辿ろうとしている私たちにとっても非常に含蓄のある概念である。

†信じようとする意志

ここでジェイムズの哲学思想の展開をからめて、彼のプラグマティズムの主張の柱をまとめておくと、次の三点にまとめられるだろう。

①『信じようとする意志』において彼は、われわれが行為に赴くために抱くさまざまな信念に関して、たとえ十分な証拠をもっていなくとも、場合によってはそれを信じようと意志する「権利」があると論じた。

②次いで彼は一九〇七年の『プラグマティズム』において、信念をめぐるこの理論が前提としているところの、信念や観念の「真理性」というものについて論じた。これがまさしく、彼のいうプラグマティックな真理論である。

③しかし、この真理論を擁護するためには、われわれは認識の主観客観の区別や、真理の多元性の可能性についても、再考する必要が出てくる。そこでジェイムズはこれらの問

題について論じるために、『多元的宇宙』や『根本的経験論』などの晩年の著作において、中性的一元論、純粋経験の理論、多元的宇宙のヴィジョンなどからなる存在論を展開したのである。

さて、「信じようとする意志」という発想から生まれた、①の議論はこうである。

われわれはつねにいろいろなことを信じており、それに支えられていることにより、行為へと赴くことができる。信念と欲求とは人間の行為や実践にとって、もっとも中心的な役割を果たす心の働きである。このことを、私たちは先のパースの議論のところですでに見た。そしてパースによれば、われわれの具体的な信念は、科学的探究という知的努力によって獲得できるとされてきた。パースはこの作業が、探究者たちの共同体という世界で、どのように進められるかに注目し、そこから私たちがもつべき「真理」という概念の輪郭を描こうとしたのだった。

しかし、この信念の獲得という作業が、探究の共同体というよりももっと身近な、個人個人の日常のレベルで行われるとしたら、この作業は人間の心理的なメカニズムの面から考えて、どのような構造をもっているのだろうか。われわれはともかく何かを信じていないでは、何も行為できないし、生きてはいけない。

だが、何かを信じることはそもそも、それ自体として、求められるべきことなのか。とりわけ、われわれが何らかの信念を自分から率先してもとうと努力するとしたら、信念は意志に従う形で獲得できるものなのか。私は何かを信じることそれ自体の価値や意義を信じて、信じることへと赴きたいと思うかもしれないが、そんなことはできるのか。いいかえれば、「信じることそのものを信じる」というような態度は、可能なのか。そして、もしそれが可能だとしたら、そうすることは価値のある態度なのか、それとも避けるべき行為なのか。

†信じる権利

ジェイムズの真理論は、すでに見たように、「真理＝うまく物と物との間をつなぎ、何の不安もなく動いて行き、……われわれの経験の一つの部分から他の部分へと順調にわれわれを運んで行ってくれるような、道具」という議論であった。この議論では、真理とは粗っぽくいえば「行為のための有用ないし有効な手段」として理解されるが、この真理の定義は、ここでいう「信じようとする意志」という発想と密接につながっている。ジェイムズは、われわれは必要であれば信念の所有を意志できるし、そうするべきであると説く。そして、われわれは意志の力で信念を「真理化」できる、とまでいうのである。

われわれが何かを信じようとするとき、そこにその事柄を信じるべき理由が十分にあり、信念の根拠が完全に存在するのであれば、信じることに何の困難もない。むしろ、十分すぎる証拠があるときには、私たちは信じないでいることのほうに困難を覚える。しかしながら、証拠や理由が完全には十分ではなく、事柄の根拠が本当に不完全で、曖昧な場合、何かを信じるのはよいことなのだろうか。むしろ、そうしたことは、不健全で不合理でばかげたことではないのか。

この常識的な発想を、「信念の倫理」という発想の下で、哲学的に洗練させようとしたのは、ジェイムズと同時代のイギリスの哲学者・数学者のW・K・クリフォードである。彼は、人が何かを信じるに際して、十分に証拠をもたずにすることは、倫理的に誤っている、と主張した。われわれが不十分な証拠しかもたないのに信じるのは、「つねに悪だ」と彼はいうのである。クリフォードのこの主張は、デカルト的な不可疑の真理の要請という発想の、変形ヴァージョンともいえるだろう。

不十分な証拠しかないのに頭から信じるのは、おそらく愚かで、ばかげているであろう。しかし、それは「悪」なのだろうか。ジェイムズはクリフォードの考えにも、賛成するべき点があることは認めた。科学者の厳密な知的探究活動において、十分な根拠や証拠、理由や説明のないままに、何かを鵜呑みにすることは、たしかに科学の倫理に反しているといえるであろう。しかし――とジェイムズは考える――それは、科学という限られた知的探究に限定された場面での信念のあるべき姿である。私たちの信念はすべてが科学的探究という知的文脈でのみ問題になるわけではない。芸術的な活動や宗教的活動、あるいは政治や社会生活のなかでも、何が信じるべき真理であり、何が疑うべき通念、拒否すべき発想、再考するべき考えであるのかは、つねに問題になる。信念が科学とのみ結びついたものだという見方は、単に近視眼的であるばかりでなく、人間の現実の心の働きがもつポテンシャルを見損なっている。

もちろん、何がなんでも信じればよいということではない。私たちが「あれかこれか」どちらを信じるべきか迷うとき、この「あれかこれか」の選択肢が、自分にとってどうでもよい、価値のない、しなくてもよい選択に関わるものであれば、それらの選択肢のどちらかをあえて選び、それを「信じようとする」ことには、何も意味がないことは明らかである。しかし、反対に、この選択が自分にとって「決定的な重要性をもち、切迫性をもち、生きた選択である」とすれば、不十分な証拠であるからといって、選択を放棄し、決断を避けていることは、行為への積極的な姿勢の放棄という意味からいって、まさしく「悪」であろう。

つまり、われわれにとっては、どうしても賭けなければならない場合には、証拠の不十分という条件を承知していても、何かを信じようとすることには意味があり、その限りでわれわれは「信じる権利」をもつはずである。これはパースとは違った意味での、反デカルト主義の表明である。

ジェイムズがプラグマティズム思想の中心的支柱と考えた真理観は、この信じる権利という発想と密接に結びついている。

パースのいうような、科学的探究の終結において望まれるような信念の収束、という発想は科学という知的営みにとってはたしかに重要である。しかしながら、人生には科学的探究とは異なる、しかも知的な探究の努力を同じくらい集中的に必要とする分野はたくさんある。たとえば、社会的公正の原理はどのような概念を軸に構成されるべきなのか、政治的統治の形態はいかなるタイプのものが適切なのか、経済的富の集積と分配にはどのような手法が望ましいのか。これらはすべて重要な知的課題であり、精神的な探究の主題であるが、いわゆる科学的手法の無際限な継続がその真理を保証すると考えていても、問題解決に近づくようなものではない。

われわれは誠実に探究しつつ、しかも同時に、何かを「信じようとする」ことが要求される以上、われわれにはそれらを信じる権利がある。

†信念の真理化

私たちがこのような観点から重視するべき「真理」とは何か――それこそが、先に示したジェイムズのテーゼの②（三一頁）でいう、「われわれの経験の一つの部分から他の部分へと順調にわれわれを運んで行ってくれるような、道具」という意味での真理である。

われわれは手元にある道具としての信念を、とりあえずの基盤として行為へと赴き、その有効性を確かめることで、その信念をいわば「真理化」する。信念ははじめから真理であると分かっていなくても、実際の運用の過程を通じて、「後ろ向きに」真理であったことを確かめられる。人間の認識の真理を、経験のネットワークという実践の場で吟味して、その有用性の有無を確かめ、その吟味の過程と表裏一体のものとして理解しようとするのは、認識の意味や意義を行為の文脈で理解しようとするプラグマティズムの思想そのものである。それゆえ、ジェイムズはこの真理観こそ、プラグマティズムが採用するべき真理概念であると主張した。

彼によれば、これは「真理」という言葉の意味を、まさにパースの唱えた格率を適用した結果として手に入れた、新しい真理概念なのである。『プラグマティズム』において彼は次のような真理の定義も与えている。最初のものはもっとも簡潔な説明、二番目のものはもう少し丁寧な説明である。

「真」とは、きわめて端的にいえば、ただわれわれの思考という方法において、有用である（expedient）ということである。[5]

真の観念の実際的価値は、第一義的には、その対象がわれわれにたいして有する実際的な重要さから由来する。……そのとき諸君はその真理について、「それは真理であるから有用である」ともいえるし、また「それは有用であるから真理である」ともいえる。これらの言い方は正確に同じことを、すなわち、これこそ充足化され真理化されうる観念だ、ということを意味している。[6]

ジェイムズにとっては、私たちが抱く信念の真偽は、外の世界の実情を「正しく写しているかどうか」によってだけ判定されるのではない。パースのいうように、「このダイアモンドは硬い」が真であるかどうかは、たしかにこの信念を活用して何かの行為をなそうとしている人間には重要な疑問である。とはいえ、真偽が問われるのは、ダイアモンドのような外界の物質に関する「事実の如何」に限られるわけではない。なぜなら、われわれは他人を助けることが善いことかどうか、他人に害を与えることが悪なのかどうかについても、その真偽について問いうるし、しかも真剣に悩むことがありうる。真偽は事実のみならず価値にも関わっており、したがって、真理とはそれが事実かどうかだけではないことは明らかである。

ジェイムズはこの素朴な反省から出発して、私たちが抱く観念や信念が真理であるのは、それが有用であるからであり、私たちがそれを行為において「充足」し、「真理化」することが可能であるからである、とする。真理はその意味で、私たちの意志と行為ということに直接結びついている。信念はそれが言葉のレベルにとどまることなく、現実の世界で「現金化」して、われわれが自分の行為に活用できるのであれば、まさに真なのである。

†ジェイムズの真理概念への批判

さて、哲学の伝統的な真理概念から大きくはずれたこのような定義を示されるとき、この思想には誰でもさまざまな批判や疑問を提出できるであろう。

まず、真理と有用性、つまり事実と価値という、非常に異なったレベルの事象を、このように簡単に同一視できるのか、という大きな問題がある。すべての事実はまさに事実である限りにおいて、万人に共通の客観的領域に属している。このことはまず疑いないところである。ところが、何かが善であるとか、何かが有用であるとか、何かが美であり快であるというような価値の領域については、そもそも万人に共通の客観的真偽の領域があるのかどうか、はなはだ疑わしい。むしろ、価値的な判断の多くは、それを評価する人や地域、時代などによって、きわめて異なる、互いにバラバラなものである可能性が高い。

そうであるとすると、事実判断であれ価値判断であれ、およそ人間の認識の真理がジェイムズのいうようなものであるとしたら、それはあらゆる真理を個人的で主観的、個人の好みや希望に即した、ほとんど勝手な夢想にまで貶めることを意味しているだろう。何かが真理であることが、それを使って行為に赴けるということでしかないとしたら、すべての信念は「イワシの頭も信心から」という意味での、きわめて主観的な願望、まったくの自分勝手な恣意的選択の対象ということになるのではないか。われわれは自分の信念を「真理化する」というが、それは真理と虚偽という区別を廃棄して、「使えるなら何でもOK」という認識論におけるアナーキズムに等しいのではないのか。彼のユニークな真理観については、当然このような疑問がすぐに生じるであろう。

さて、哲学の長い歴史を通じて、アリストテレス以来、真理はつねに、「言葉と事実との対応」あるいは「信念と事象との一致」として考えられてきた。つまり、主観的な信念と外界の客観的事実との何らかの合致・対応こそが認識の真理性の基準であったはずである。ところがジェイムズの右のような真理観はこうした哲学の伝統に真っ向から反対し、有用性こそ真理であるということにおいて、事実と価値の間にある区別をきわめて乱暴に廃棄してしまっている。そして、この廃棄を通じて、彼は真理という非常に重要な概念に対して、ある意味では非常に恥ずべき、嘆かわしい主観主義を提唱しているように見える。それゆえ、彼のプラグマティズムに反対する多くの哲学者たちは、この理論が哲学説としてはあまりにも幼稚で、粗雑な立場であると批判し、場合によっては嘲笑の対象としたのである。

そうした侮蔑的な評価を行った者のなかには、先にも触れたように、ジェイムズよりも一世代下のラッセルらも含まれていた。彼は真理概念を「キャッシュバリュー」や「現金化」という言葉で解説するジェイムズの発想そのものが、何もかも貨幣の側面から考えようとする、アメリカの金ぴかの経済万能主義の表れだ、と非難した。

†ジェイムズの反論

しかしながら、ジェイムズ自身にとってはこうした批判や嘲笑ははじめから想定済みのことであった。彼はむしろ、こうした批判や嘲笑に細かい返答を行うよりも、さらにラディカルな哲学観を提起することで、伝統的な哲学の発想に揺さぶりをかける方向に進もうとした。そのために彼は一方で、そもそも哲学の営みがこれまで考えられてきたように、純粋に知性的ないし理性的な営みであるといえるのかどうか、という新鮮な疑問を提起した。これはいいかえると、事実と価値の峻別という伝統的な発想そのものが、哲学の自己理解における根深い誤解と結びついた盲点であり、維持不可能な偏見なのではないかということである。

彼はまたこうしたメタ哲学的議論を展開する一方で、自分の真理観を支えるような存在論や形而上学の構築に向かおうとした。それが、③（六八頁）の中性的一元論や純粋経験からなる存在論であり、さらには「多元的宇宙」という名前の形而上学である。

哲学の討議は本当に純粋に理性のレベルでの議論の対決からできているのか。よく考えてみると、哲学とはそれほど純粋に知的な営みではなくて、むしろある種の気質、感情的な傾向のぶつかり合いからできていたのではなかったか――。ジェイムズはまずこのように、メタ哲学的なレベルから、哲学一般への疑問を投げかけることで、自分の真理論を事実と価値の混同や主観主義の科《とが》によって論難する人々の暗黙の自己理解に異議を申し立てた。

哲学の長い歴史にはこれまでにも、合理論と経験論、唯名論と実在論、一元論と二元論、観念論と唯物論など、実にさまざまな対立軸が考えられてきた。そして、それぞれの陣営に属するどの哲学者も、自分の説の正しさをあくまでも理性的な議論や推論を通じて立証できると考えてきた。しかしながら、この種の哲学的対立は長い歴史を通じてけっして決着や解決を見ることなく、いつ終わるともしれない論争的な議論だけがいまだに続いている。としたら、ここには哲学的議論の性質について、まったく別の発想から理解することが必要だということではないのか。

こうした哲学上の対立というのは、ごく簡単にいってしまえば、世界に対する包括的な見方の対立、つまり世界観の対立であり、しかも世界観というのは一種の感じ方、きわめて一般的なものの見方そのものであるのである。しかし、こうした見方や感じ方が本来、冷静な議論や理性的分析からできているという保証は、アプリオリには存在しない。というよりも、まさにそれが漠然とした世界全体に対する見方、感じ方である以上、それらの立場を支えているのは、実際には思想家のもつ理性の力というよりも、その思想家の気質や傾向であると見たほうが正確である。

思想家には大きく分けて、「堅い精神（tough mind）」をもった者と「柔らかい精神（tender mind）」をもった者の二種類があるのではないか。この気質的な区別が、普遍論争では前者は唯名論となり、後者は実在論となる、あるいは、認識論では前者は経験論となり、後者は合理論となる、というように、さまざまな対立を生んできたと考えてはどうなのか

――。

†純粋経験

ジェイムズはこのように、哲学の根本的基盤には気質的なもの、気分的なものが潜んでいることをしっかりと認めるべきだと主張する。そして、事実と価値とはまったく別の世界の、互いに重なりえない領域であると見るような、非常に厳格な二元的な世界観をとる考えも、それ自体がある種の「堅い精神」の表れであって、けっして理性的な議論でもってどこまでも主張できる考えではないことを指摘する。

われわれはたしかに、事実的なものと価値的なものとを厳しく区別する発想もとれるし、それらの連続性を重視する見方も採用できる。しかし、こうした見方の採用の動機がそもそも気質的なもの、感情的なものであるとすれば、事実と価値との徹底的な区別と、真理についての事実に傾いた一面的な定義は、もはや素直には維持できないのである。事実と価値の峻別を説く哲学は、自己の本性が気質的なところにあることを見ようとしない点で、パースが指摘した普遍的懐疑とは別の意味で、やはり自己欺瞞的である。

事実と価値とは連続しているであろう。ジェイムズはこう主張すると同時に、この区別よりもさらに基本的な概念的区別であるように見える、「主観―客観」という図式にも強い疑念を呈することにした。

デカルト以来の西洋哲学の歴史において、人間の認識や経験とはつねに思考する自我と自我の外なる世界との何らかの特殊な関係、つまり「主観と客観との認識関係」であると見なされてきた。しかし、この特別の「関係」は、そもそもいかなる意味での関係であるのか。当然のことながら、主観と客観との関係は、普通の事物が示す空間的・時間的な距離をもった関係ではない。そうした時空的関係は客観の「なか」で、もろもろの事物どうしの間で生じていることであり、主観はその世界の「外」に立っている。しかし、時空的でないにもかかわらず、外に独立に存在する自我が、(おそらくは無時間的・瞬間的に)世界を経験するとはどういうことなのか。ここにはきわめて根深い概念上の混乱、理論上の破綻があるとしか考えられない。

ジェイムズは、人間の経験が超空間的・超時間的な出来事であることを否定する。われわれの経験は、その成立において自他という二つの対立極をもつ、関係的な出来事ではない。経験はそれ自体として単独で見る限り、具体的・個別的な「質の感受」という単一の出来事である。それは端的に「これ」の認識であり、そこに主観と対象の区別や対立といった二極構造はない。あるのは、それぞれの経験に属するその経験に固有の質的内実だけである。こうした経験は、経験そのものについての反省や意識化に先立って、それ自身で成立し、存在するものであるので、「純粋経験」と呼ばれる。

純粋経験からなる世界は、端的な事実であって関係的なものではない以上、物質的なものでもなければ、精神的なものでもない。しかし、経験の世界はつねに、単独の純粋経験として存在するのではなく、無数の経験の集まりとしての「経験の領野」という一つの全体を作っている。しかも、個々の経験は、物心に関して中性的・中立的なこの世界において、それぞれ「生きて」おり、時間とともに変化している。経験の全体的な領野とはこの時間的に生きた純粋経験の刻一刻の変化の総体としての、全体的な世界であり、それ自身が時間に沿って変化し、「流れる」世界であると見ることができる。この世界の流れのなかには焦点もあれば周辺もあり、何がその世界の焦点であるのかは、まさに時間のなかで変化している。

われわれの世界経験とは、まさにこのような物心中立的なものの集まりが形成する流れる全体という意味で、主観でもなければ客観でもない、私たちに直接に与えられている現実なのである。

†多元的宇宙論

もちろん、この経験へと直接に与えられた経験の全体においては、個々の純粋経験に着目して考えると、それぞれの間に連結したり離接しあったりする特徴的な関係のパターンの存在が見受けられる。経験の領野の具体的なあり方は、それの変化の軌跡を回顧的に考察し、その構造を分析し、その性格を理解しようとすれば、そこにおのずから経験どうしの関係のパターンが形成されてくる。

たとえば、互いに密接に溶け合おうとする経験どうしの間には、記憶や失念、信頼や期待や願望、失望や挫折感や満足などという言葉で表現されるような、きわめて密な経験の結びつきのあり方が存在している。それはいわば、「心」という単独の存在者に帰属させるほうが便利であるような、ある種の経験の絡み合い、経験どうしの結びつきのあり方である。しかし、そこにはまた、互いに時空的に距離をおき、力学的に相互作用したり反発しあったりしているように見える、経験どうしの離接的な関係も見受けられる。また、その離接的な関係を整理し秩序づけようとすれば、何らかの法則的な一般化が可能なような、類似性をもった経験の集合も見出しうる。

純粋経験からなる領野としての世界ではこのように、連結や離接という経験どうしの間の関係の方向性を軸にして、存在領域の種類を分けて考えることができるが、これこそがわれわれのいう精神的なものと物質的なものの区別の根源である。とはいえ、無数の経験の間に、心的な関係や物質的な関係を認めることができるということは、これを作り出す素材としてのそれぞれの経験それ自体が、精神的であったり物質的であったりするということではない。

ちょうど二つの線の交わる交点上の点は、それ自身としては一つの点でありながら、二つの線のどちらにも属している。これと同じように、あくまでも一つの中立的な経験が、その他の経験群との結びつきのあり方に応じて、精神的でも物質的でもありうるだろう。つまり、世界を作っている「素材」としての純粋経験自体はまったく存在論的に無記的でありながら、その他のものとの関係のもとで、心となったり物質となったりすることがありうるのである。

世界がもしも、このような無数の純粋経験の織りなす生きた流れであるとしたら、その世界の未来はどのようなものになっていくのだろうか。当然のことながら、世界が物質的でも精神的でもありえたのは、これまでの経験の世界についてのみいわれることであって、今後の世界の姿は誰にも予見できない、その意味で開かれた世界である。経験の世界は一つの全体であるが、それは未来へと開かれていて、けっして閉じた、完結した領域でないという、特異な世界である。この世界を包括する絶対者や神があるとしたら、その本性や究極的原理はすでに与えられていることであろう。

哲学の作業を理性の活動と自己理解したこれまでの哲学思想は、この究極的原理の探究という特徴をもっていた。しかし、世界が「未完結の、開かれた全体」という非常に奇妙なものであるとしたら、世界のなかにこれから何が生じるかは定かではなく、すべては発展的展開のなかにあるとしか言いようがない。ジェイムズはこのような自分の世界観を称して、「多元的宇宙論」と呼んだ。それは、すべての部分が何らかの意味で連接し、連合し、つながりあいながらも、同時に同じくらいはっきりと互いに離反し、反発する契機ももっているという意味で、けっして一つの原理へと収斂することのない世界、あるいは一つの絶対精神のうちへと吸収されることのない世界である。ジェイムズのヴィジョンでは、それこそがアメリカという各州の独立と連合が同時に認められた「合衆国」という政体の、形而上学的な対応物をなしているのである。

†二〇世紀哲学への影響

以上のように、ジェイムズのプラグマティズムは、「真理＝有用性」というその真理論を軸にしつつ、事実と価値の根本的区別の廃絶や、個々の経験の存在論的中立性、あるいは経験の領野の全体論的性格から、多元論的形而上学の提唱など、実に革新的な哲学のテーゼをさまざまに含んだものであった。以下に見るように、ジェイムズのこのような新しいテーゼは、この後に登場するクワインやローティなど、二〇世紀後半のプラグマティストたちの共通の発想となることになった。その意味で、それらは彼の真理観以上に、二〇世紀の哲学に大きな影響を与えた思想であったともいえる。しかも、そうした後世の評価以前にも、その中性的一元論についていえば、彼の批判者のなかから強力な支持者が現れるという皮肉な事態もおきた。

イギリスの分析哲学の代表バートランド・ラッセルは、プラグマティズムの真理の概念を、アメリカに特有な経済中心主義だとして、強烈に皮肉った。ところが、彼が自分自身の哲学を「論理的原子論」という形で整えたうえで、その立場からする物質的世界や心の存在について説明しようとしたときに、結局採用した考えは、ジェイムズの提唱した中性的一元論であった。そのことを彼はその主著の一つ、『心の分析』においてはっきりと述べている。プラグマティズムはラッセルにとっても、アメリカ的拝金主義として貶めるだけでは済まない、哲学的意義をもった理論であったのである。

3 デューイ

†プラグマティズム三番目の源流

パースとジェイムズとはきわめて親しい友人であったとはいえ、それぞれが独創的な論理学者であり、心理学者・宗教学者でもあったため、まったく同じ思想を展開したというわけではない。彼らはむしろ、互いに非常に近いが、しかしかなり重心の異なった、二つの思想を構築したといってよいだろう。何度も確認したように、プラグマティズムという思想はそのために、二つの焦点をもった複眼的で楕円的な思想ともいうべきものとなった。私たちはここまで、プラグマティズムの「源流」を理解しておくために、まずこの二人の思想の骨格を押さえて、その重なりと微妙なずれとを見てきたのである。

しかしながら、この思想が一つのまとまりある思想運動となるためには、さらに二人の多少ともずれた焦点を、むしろ積極的に活用して、二人の思想のよいところを巧みに組み合わせるような形で、プラグマティズムを弾力にとんだ、広い範囲に応用可能な思想へと仕上げる思想が必要だったともいえる。このことを成し遂げたのが、この「源流」の三番目の代表的思想家として活躍した、デューイの哲学である。

ジョン・デューイ（一八五九〜一九五二）は一九世紀の半ばから二〇世紀の半ばまで、非常に長い期間を生きて、九二歳で亡くなるまで、実に多くの方面にわたって活発に活動した。パースやジェイムズが南北戦争から第一次大戦前のアメリカの歴史とともに歩んだとすれば、デューイは南北戦争末から第一次大戦、大恐慌を越えて、第二次大戦の終結後までを経験した。そして、分析哲学の祖ラッセルが、論理学や言語哲学など厳密な意味での哲学の第一人者であったばかりでなく、反戦運動や結婚観、道徳観などをめぐる革新的思想家として、世界中で広く読まれた二〇世紀を代表する知識人であったのと同じように、デューイもまた、純粋に哲学の理論家として大きな思想的業績を残すと同時に、学校教育から革命、芸術など、非常に幅広い領域に関して活発に活動し、国際的に著名な知識人として活躍した。

彼はバーモント州バーリントンの食糧品店を営む家庭の三男として生まれ、はじめは母の勧めもあってプロテスタントの牧師となる道を進んでいたが、バーモント州立大学で哲学を学ぶことで、宗教よりも哲学教師の道を選ぶことにした。バーモント大学はアメリカで二番目に創られた州立大学であった。そして、彼は大学卒業後、短期間ペンシルバニアの高校の教師を務めたあと、一八八〇年代に、ジョンズ・ホプキンス大学に入ったが、こちらの大学はアメリカ最初の大学院大学であった。彼はそこで、論理学の講師を務めていたパースの講義に接するとともに、ジェイムズの弟子の心理学者スタンリー・ホールの授業にも出席した。これが、彼がプラグマティズムの「源流」を形作った人々の世界に、直接触れることになったきっかけである。

†出発点としてのヘーゲルとダーウィン

といっても、デューイは最初からプラグマティズムに傾倒していたわけではない。そもそも彼がパースらに直接の教育を受けたとき、この思想はまだ誕生したての無名の立場であったからである。彼自身はむしろ、大学院ではヘーゲル主義の哲学から出発し、個人と社会的・歴史的状況との間には有機的な結びつきがあるという思想を支持していた。彼は当初はヘーゲル主義とダーウィンの進化論を重ねて、人間の認識作用についての独自の研究を進めていったが、思想家として成熟したのちに、改めて大学院で学んだパース的な思想のスタイルに共感を覚えるようになった。ヘーゲルは人間の意識における歴史を通じた自己理解の理性的深化のプロセスを論じたが、ダーウィンは環境のなかでの適応への競争を通じた生物的進化のプロセスを論じた。

彼はヘーゲルとダーウィンの共通点という特異な出発点をばねにして、それまでの哲学の中心的な課題が、知識の不動の定点を見定めようという見当違いの関心に縛られていることを批判したが、その批判はおのずからデカルト主義を批判するパースや、真理の客観性への固着を乗り越えようとするジェイムズの思想への共鳴へと進み、結果として彼らの代表的な後継者となったのである。

思想家としてのデューイの業績は、単に理論的な哲学の領域にとどまることなく、教育学から政治の問題など非常に多岐にわたっていて、その成果はここで簡単に紹介できないほどである。しかも、その業績のいずれもが二〇世紀の重要な知的問題意識と密接に交わる、重要性をもったものであった。

たとえば、彼は一八九六年、三六歳のときに、哲学・心理学・教育学の教授を務めていたシカゴ大学において、付属の実験学校を設置し、幼少年期の子供たちに高度な早期教育を与えるという、いわゆる「デューイ学校」を運営し始めた。また、一九三二年の合衆国大統領選挙では、フランクリン・ルーズベルトの陣営を支持し、そのニュー・ディール政策の思想的支柱ともなった。さらに、一九三七年には、七八歳という高齢にもかかわらず、当時メキシコに亡命していたトロツキーを訪問し、ソヴィエト政府のトロツキー裁判の正当性を調査するという調査委員会の委員長を引き受けたりもした。

†デューイ哲学の三つのテーマ

このように、きわめて卓越した知識人としてのデューイについては、単にその哲学のみを考察するのは片手落ちである。とはいえ、ここでは本書の趣旨からして、哲学者としてのデューイの理論的立場だけに光を当てることにする。そうすると、彼の哲学的議論の方向を、さしあたって次の三つのステップによって整理できるだろう。

①彼はヘーゲル主義の影響のもと、哲学史的考察に対して多くの著作を著した。彼は哲学史的考察を通じて、プラグマティズムという新しい哲学が、哲学史の長い過程のなかでいかなる変革をもたらすのかということを、メタ哲学的な観点から明らかにした。

②彼はパースの「探究の論理」という発想をこの哲学の中心的な思想と理解して、その議論をもう一度復活させる一方で、われわれの経験や理性のもつ「実験的な性格」を強調すると同時に、その言語的・社会的な性格にも注目した。

③同時にジェイムズが表明した事実と価値の区別に対する批判を継承して、われわれの経験が未来に開かれた、非決定的な性格をもつことを主張した。彼は主張をもとにして、パース的な経験についての実験主義的な見方は、社会についての「民主主義的な」理想の

追求と重なることを強調した。これは、パース的な探究の論理に対する「社会的・政治的な転換」だと理解することができる。

これらのテーマを展開したデューイの著作は、その長い生涯からして非常に多数に上るが、代表的なテキストとしては、①については『哲学の改造』（一九一九）や『確実性への希求』（一九二九）などを、②については『思考の方法』（一九一〇、改訂版一九三三）と『論理学――探究の理論』（一九三七）など、③については、『人間性と行為』（一九二二）などを参照できるだろう。

私たちはこれらのテキストのうちでも、特に『哲学の改造』という非常にユニークな哲学史的研究に注意を払っておきたい。というのも、この本はデューイが一九一九年に東京に滞在し、東京帝国大学で行った講義が下敷きになっているからである。彼はこの東京滞在中、新渡戸稲造の自宅で暮らしたという。また、先に述べたようにデューイはしばしば、二〇世紀における教育学の分野における最重要の思想家として評価されることがあるが、彼の教育理論は、③のテーマの延長として、学校教育の現場こそが、実験主義的経験論と民主主義的改革の思想の成果が社会において一番具体的に発揮される場である、という主張と理解できる。

†哲学史におけるプラグマティズムの意味

さて、まず①の、デューイの考える、哲学の歴史におけるプラグマティズムの意味というのは、次のような考えである。

デューイによれば、歴史上有名なさまざまな理論の共通の特徴は、哲学の扱う主題が「永遠不変の哲学的問題」と見なされてきたということ、特にその問題のなかでも「人間の知識の確実性の基礎を明らかにする」というテーマがもっとも中心的な主題として扱われてきた、ということにある。前者の哲学的問題の永遠性を主張する思想家の代表はプラトンであり、後者の知識の確実性の根拠を求める思想家の代表がデカルトである。しかし、デューイによれば、プラトンとデカルトという時代も地域も異にする哲学者たちは、その根本的な前提においてそれほどかけ離れた思想家どうしではない。彼らは一つの共通の見方をもっていた。それは、われわれの知的活動や科学的知識というものを、「観察者・傍観者（spectator）」の立場で理解しようという発想である。

哲学的問いの本性を理解するために、われわれは人間の歴史における宗教や神話、儀礼の役割や哲学の誕生の状況をもう一度見直してみる必要がある。人間は自然の大きな変化や環境からもたらされる脅威に対処するために、太古の昔から神話や宗教儀礼などの精神的技術を発達させる一方で、自然のコントロールのための科学技術的対応も考案してきた。哲学は、宗教的儀礼によっては自然の十分な支配はできないこと、さらに科学技術的コントロールもまた不確実性にさらされていることへの意識から生まれてきた。不確実性はけっして快いものではない。そこで、科学や技術を超える「確実性への希求」が生じた。哲学とは、太古以来の、この確実性への希求という人間の精神的傾向の別名である。

人間は、経験の領域というものが二種類に分けられることを知っている。一つは純然たる外界の万物流転の世界で、われわれはそれを部分的にはコントロールできるが、全面的には支配できない。もう一つは自然を超越した、永遠不変、確実性の世界であるが、それは数学的思索や芸術的観想など、特別の精神的態度によってのみ瞥見することのできる、非常に限られた人だけに開かれた世界である。永遠不変なものと、変化し流動的なものの二つが世界にはあるということ――。

西洋の哲学の根本的な前提は、世界全体に関するこの根本的な二元論である。二つの存在の領域は、われわれに二種類の認識の能力を要求する。一方は学問としての知、不変なるものについての確実な知識を行う能力であり、もう一つは、日常の感覚的世界に関して、具体的で経験的な事実についての断片的で曖昧な信念を抱く能力である。流動的で不確実な世界についての認識は、それ自体が不確実でしっかりとした基礎をもっていない。それゆえ、それは学問的知識ではなく、「単なる信念」という性格をもっている。

†近代科学の保守主義

神話や宗教の後に登場してきた哲学においては、古代からの問題が慣習や権威によって解決されるのではなく、理性という人間に共通の冷静な認識能力によって判断されるべきだとされた点で、それ以前の儀式的な思考や伝統的な発想よりも発展的な、洗練された視点をもつことができた。とはいえ、たしかに理性による判断という議論上の建前が認められたとしても、実際に問いへの答えを用意しているのは、暗黙に継承されているそれ以前からの非理性的な信念である場合が少なくない。そのために、世界が何か神的で超越的なものによって支えられているという信念は、神話を脱して理性的な言説によって書き換えられたとしても、その基本的主張の中身は変わらない。それはどこまで行っても「確実性の追求」という根本的な動機を捨てることがなかったのである。

人間の知性が神的で永遠不変の世界を瞥見できるという思想は、プラトンの哲学、特にそのイデア論においてきわめて雄弁な表現を見出せた。いうまでもなくプラトンの哲学においてもっとも重要なテーマは、この世界の一切の事物が示す不確実な現象性を超越して、すべての事物の原型たるイデアの認識にあずかることである。

しかしながら、このような認識がイデアの「直視」とされたのは、実際には、ギリシアの社会における肉体労働とそれ以外の知的活動との極端な区別に由来していると考えられる。さまざまな労働のなかで把握される、もろもろの事物の間の手段と目的との連関は、社会の底辺の人々が扱う、非永遠的、流動的世界のなかでこそ重要視される。これに対して、世界を「傍観し観察する精神」にとっては、流動的なものは関心の外にあり、手段と目的の連関よりも、善なるイデアという究極者ともろもろのイデアとの調和的連関という、別種の秩序が重要視されるようになる。この社会的背景をもとにして、イデアは理性によって「眺められる」限りで、精神の高貴な力を具現するとされるのである。

ところが、観想的な理性や知性を司る身分と、身体的労働に従事する身分との区別は、いつまでもそれ自体が安定したものであるとは限らない。自然に対するコントロールは、単純な肉体労働よりも、より組織化された技術家たちや高度な熟練者たちの知識によって、より確実な仕方で成し遂げられるようになるとも考えられる。身分的に低い階層の対応する変化流動の世界と、高貴な知性労働者が対応する永遠の世界の区別は、必ずしもいつまでも維持できる区別ではなくなる可能性がある。

たとえば、その典型的な事例が、西洋中世のアリストテレス＝キリスト教の信仰中心主義を脱して、さまざまな魔術的技術や科学の知見を発達させることに成功した、ルネサンスから近代初期の文化である。この文化においては、古代のプラトンに見られるイデアの直観という根本的思想を継承する一方で、科学的「知識」の確実性ということについて、新たな哲学的考察を加え、「確実性の追求」をやり直す必要があると考えられるようになった。そしてその種の反省を実行するために誕生したのが、「近代哲学の父」デカルトの思想なのである。

ガリレオ、ケプラーに代表される近代の物理学は、世界がつねに流動し、変化し、運動しているものであることを解明しようとしたが、彼らが求めたのはそうした変化の基礎にある機械論的力学の原理であり、その原理そのものはさまざまな偶発的事実とは独立に実在していて、永遠に妥当するものであると考えられた。したがって、近代の科学は世界の変動的、偶発的本性に目を向けつつ、同時にそれを永遠の世界の現れであると了解すべきだとする、ある種の保守主義を採用したことになる。

†傍観者的知識観への批判

デューイの判定では、この保守主義を哲学の議論で全面的に強化しようとしたのが、デカルトの哲学であり、そこに内包されている内部分裂をもっとも明白に露呈することになったのが、カントの哲学である。

新しい科学は世界をつねに変動し、不確実な領域だとした。哲学はそのことを正面から受け入れられず、現象的で変動的な外界と、永遠的で確実性の領域である理性の領域という二世界論を復活させた。その具体的な理論は、不定形なままに無際限に延長する空間世界と、自己の存在のみを絶対的に不可疑なものとして確実視している、コギトという名前の思考者の二つである。デカルトはコギトを絶対に疑えないものとした。また、外なる世界の存在は疑いうるものであるとした。この主観―客観の図式は、プラトン的な「観察者・傍観者」としての認識者というイメージが、機械論的力学という新しい世界像に適応するために書き直されたものに他ならない。

しかし、この主観―客観の図式は根本において分裂している。そして、この分裂の頂点にあるのがカントの哲学である。カントの哲学では主観と客観とは因果的に結びつかず、まさしく「超越論的な認識関係」という非常に特殊な、入り組んだ関係のもとで結びついている。カントの理論にあっては、理論理性としての人間は、外なる自然の機械論的メカニズムの客観性を容認しつつ、自らの存在を超越論的統覚という純粋形式的なものに限定している。ところが、人間は一方で、実践理性の主体としては、理念的な物自体の世界にも属しているといわれる。

現象界と物自体の世界――カントに見られるこの典型的な二世界論こそ、まさしく近代哲学の置かれた分裂状況に由来している。そしてこの分裂的本性は、本来保守的でありながら、変化する感覚的世界のあり方のほうも無視し続けることはできないという、プラトン＝デカルト的な性格に由来しているのである。

このような「傍観者的知識観」をひきずった伝統的哲学の自己矛盾や混乱をしっかりと直視するならば、哲学がこれからなすべきことは、自然科学の成果を中途半端ではなくて、全面的に受け入れる方向を採用することであることが分かる。それは知識が観察者による世界の傍観や洞察ではなくて、世界へと介入し、世界との共同において知識を生み出していくという発想の全面的な採用である。

近代の科学が開いた知識の理解では、世界についての理解と、それを探究するテクニックとの間には、切っても切れない関係があることが分かっている。デューイによれば、探究はカントの超越論主義ではなく、ダーウィン的な自然主義の立場で解されるべきであり、それは有機体がさまざまな環境の条件の下で自己の平衡を取り戻すために、問題を解き困難の解決を図ることとして解釈されなければならない。この自然主義的探究の理論を詳しく展開しようとしたのが、彼の「探究の理論としての論理学」という発想である。

われわれにとっての問題状況や困難な状況は、「不確定的な状況」である。われわれは探究を通じてこの状況に対する可能な解決の道を模索し、何らかの仮説を採用し、この仮説が問題解決に実際に有効であるかどうかを確証しようとする。もしも仮説の確証に成功し、状況をうまく活用できるようになれば、もとの状況は確定的なものとなる。探究を介することで可能になるかもしれない、状況に関するこの不確定から確定への推移は、別の言葉でいうと、仮説が「保証つき」になったということである。探究は疑問と懐疑から出発し、懐疑のさらなる必要がなくなるまで続けられる。この懐疑の不必要になった状況は、伝統的には真理の確定や知識の確立ということで表現される。しかし、デューイはこれを「保証つきの言明可能性（warranted assertibility）」の獲得と呼ぶ。

彼の発想がパースの思想に非常に近いものとなっていることは、この探究の理論によって明らかであろう。というのも彼は、パースに始まるプラグマティズムの意味とは、まさしくプラトン以来の知識の傍観者説を廃棄して、自然へと積極的に介入する「探究」中心の知識観を打ち立てたところにあると見るからである。デカルトは知識が懐疑不可能な確実な基盤にもとづかなければならないと考えた。近代哲学の歴史はこの懐疑不可能な基盤の候補として何を考えるか、に関する歴史であった。しかし、パースはこの普遍的懐疑からする知識の基礎づけが、根本的に無意味かつ不可能であると考えた。その意味で、彼は自分の哲学が反デカルト主義であると理解した。

これに対してデューイは、パースの反デカルト主義をプラグマティズムの中心的テーゼであるとして重視しつつ、それがデカルト以来の近代哲学に特有の基礎づけ主義に特有の問題なのではなく、むしろプラトン以来一貫して認められてきた知識についての傍観者説という、より大きな根本的前提の問題であると考えた。デューイの理解では、プラグマティズムは反デカルト主義という意味で西洋近代の哲学への反対である以上に、プラトン以来の哲学の伝統そのものへの異議申し立てであったのである。

†探究の理論へ

以上のような哲学に対する歴史的な反省から、デューイは彼自身の信念形成の理論、探究の論理の分析へと向かう。これが彼の哲学の②（九二頁）のテーマであり、『思考の方法』『論理学——探究の理論』などで展開された彼独自の知識と真理をめぐる分析である。

先に見たように、パースはわれわれがどのような探究のスタイルに従って個々の信念を固定するかという、「信念の固め方」を分析しようとした。デューイのテーマもまったく同じである。彼は何らかの信念が探究や工夫の結果えられた場合に、それがとりわけ信頼可能なものと見なされるのは、どのような場合なのかという問題を論じた。

前にも確認したように、私たちのすべての信念は、とりあえず目の前の疑問に答えているとしても、それがどれも同じように信頼できるものだというわけではない。パースも考えたように、信念は疑いを終結させることができれば、それだけで信頼可能というものにはならない。というのも、疑いにはたしかにそれを抱く人の心における、不確実、不安の感じが伴われているが、しかし、この感じがなくなったからといって、主観的な安心感や信頼感が取り戻されれば知識もまた手に入っている、ということにはならない。なぜなら、もしも思考や探究がこのように理解されるならば、思考とは客観的な状況において変化をもたらそうとする知的努力のことではなくて、感じや「意識」における変化のことだという、デカルト的な内面の次元へと戻ってしまうからである。

パースも強調したように、信頼可能な言明可能性へと至るということは、主観的な感じの問題ではなくて、よく基礎づけられた信念に至りつくということであり、それはわれわれの個人的な欲求にこたえるのではなく、われわれの客観的な状況にこたえるものでなければならない。そこで重要になるのは、われわれはどのような道筋で信頼性のある信念へと至ることができるのか、という問題である。

デューイはよく基礎づけられた信念に至る探究の方法を、パースとまったく同じように、「科学の方法」と呼ぶ。科学の方法とは問題状況のなかで示唆される仮説に注目し、その仮説をテストするために、さまざまな形で証拠と突き合わせる方法である。このような方法が重視されるべき理由は、人間の知的努力の別名である探究ということが、そもそも問題解決へと至る複数のステップからなっており、このステップを明確な方法論的規則として内在化した探究方法こそ、科学的探究であるからである。彼は『論理学――探究の理論』のなかで、「探究」ということを次のように定義している。

探究とは、不確定な状況を、確定した状況に、すなわちもとの状況の諸要素を一つの統一された全体に変えてしまうほど、状況を構成している区別や関係が確定した状況に、コントロールされ方向づけられた仕方で転化させることである。(7)

探究はわれわれの生活における疑問や困惑から出発する。何かが混乱していて不分明であり、「不確定」であるために、はっきりとした行動の指針が立てられない。この不確定な状況を「構成している区別や関係が確定した」状況へと「転化」させること、これが探究である。探究はつまり、状況への介入や操作を通じた転化の作業である。この作業はしかし、場当たり的な、その場その場の思い付きによるものであっては、あまりにも効率が悪い。また、その作業が個々人の個人的な努力にのみ頼ったものであるとしたら、あまりにも非生産的であろう。そのためにまず、転化の作業は「コントロールされ方向づけられた仕方」でなされる必要がある。

そもそも論理学というものが、われわれの知的整理作業の模範となる図式であり、推論の規則の体系であるとしたら、その本来の意義は、このコントロールされ方向づけられた仕方を示すことにあるはずである。つまり、普通の意味での論理学の対象となる推論規則は、このコントロールの図式においてその役割をはっきりとさせられる必要がある。

†探究の結果は客観的な真理か

デューイは『思考の方法』などで、こうした角度からする論理的推論の意義を詳しく説明しているが、その探究のステップは具体的には、だいたい次のような五段階にまとめられている。すなわち、①われわれは不確定的状況を目の前にし、②問題設定を行い、③仮説を形成し、④その帰結を演繹し、⑤演繹結果をテストすることで仮説を検証する。狭い意味での論理学のテキストは、このうち③にのみ議論を集中しているが、むしろ探究の理論としての論理学はこれら五つのステップのすべての側面について、そのあり方を検討し、それらについての基本的な方向づけを行うものでなければならないだろう。

それと同時に、論理的推論の分析を行う論理学の研究が、基本的に記号的なもの、形式的なもので成り立っているということも、もう一度この探究のモデルに戻ってその意味を考え直す必要がある。探究は問題状況の「問題設定」「仮説形成」「演繹的分析」のそれぞれの局面において、状況に関わる要素や関係の整理、分節化、再定義、再定式化などの作業を含んでいる。すなわち、探究とはすぐれて言語的な分解と組立の作業であり、まさにこの言語的・記号的な過程であるがゆえに、その骨格についての記号的な体系化という課題も生まれてきたのである。

探究に携わる人間の思考作業が、本質的に記号的な本性をもつこと——。実はこのこともパースがその反デカルト主義によって早くから強調した点であった。しかしながら、デューイはこの点についても、パースの発想に一つのひねりを加える。探究が言語的な性質をもつということは、それが社会的、文化的、慣習的な次元を根本的に含んでいるということである。なぜなら、言語や記号はそれを共有する社会や慣習があって初めて、意味をもち示唆を与える力をもつからである。そうであるとすれば、探究の帰結としての「検証された仮説」とは、まさにその言語の共同体において、とりあえず検証され、確定的なものと見なされたという意味で、「言明可能な信念だ」ということになる。

探究の結果は、経験的なテストを通じて確証されたという意味で、たしかに「保証」されている。しかし、その保証は、それを生み出す社会的、慣習的な背景をもった仮説形成の過程においてのみ有効であるという意味で、けっして絶対的な意味での確証ではないし、いわんや伝統的な哲学の意味での「客観的な真理」ではない。それはあくまでも、問題状況に依存し、言語的慣習に依存し、その時代に示唆可能であった仮説に依存しているという意味での、限定された意味での保証つきの信念であり、いいかえればまさに「保証つきの言明可能性」なのである。

†実験主義と民主主義

ところで、デューイはもちろん、以上のような探究の理論を通じて、「この世界には客観的な真理などない」といっているわけではない。そうではなくて、われわれが真理といっているものも、その内実、キャッシュバリューは、「保証つきの言明可能性」だ、といっているのである。私たちはそれぞれの探究の結果を共同体の討議へと付して、それが承認されるべき、評価されるべき仮説や信念であるかどうかを検討にさらす。探究とは一方で仮説の形成とテストであると同時に、その承認のプロセスでもある。そこで、われわれの経験が一種の「実験」であるという以上のような探究の理論は、同時に、社会における共同的な議論の論理でもあることになる。これがデューイにおける実験主義と民主主義の結びつきという、次にくる③（九二頁）のテーマである。

繰り返しになるが、われわれのすべての知的探究は、科学的な仮説の確証過程に見られるように、問題状況のもつさまざまな側面を勘案しつつ、そこに整合性や秩序を見出し、その秩序の信頼性を実験的に検証する作業である。それゆえ、知的活動とは一言でいえば、実験のプロセスであると言えるが、このことは実は、単に自然科学の探究の場面に限られるわけではない。というのも、ジェイムズがすでに明快に論じたように、そもそも事実的なものと価値的なものとは従来の哲学が暗黙の前提としたほどに、はっきりとは区別できないのであり、科学的探究の領域と価値的な問題の領域、たとえば道徳的判断や政治的判断の領域も、多分に重なりあい、等しく実験的な態度によって追求するべき世界であるからである。

たしかにわれわれは道徳的な問題や政治的判断に関しても、科学的な問題と同じようなアプローチが可能であるといわれれば、そうした考えには相当に抵抗感があり、不信感をもつにちがいない。というのも、道徳的な善や悪、法的な正義や不正は、科学が自然のなかに見出す法則とはまったく別の意味での、道徳的原則や法的原理によって、判定されているように思われるからである。道徳の原理などが神的な起源をもつのか、人間理性のうちにあるのか。このことはもちろん道徳哲学・法哲学の重大な問題ではある。しかし、それが自然界の法則とはまったく別のものであるのは、はじめから自明なことではないのか。

デューイはこのような発想に対して、それは自明どころか、反対にまったく誤っているのだと主張する。というのも、彼の理解では自然の内なる法則や規則というものも、実際には探究の現時点での「保証つきの言明可能性」に従ったものでしかないのであるから、それ自体として永遠的かつ客観的に存在するものではない。

それとまったく同様に、道徳や社会の規則もまた、あらゆる社会に永遠に妥当する真理ではなくて、この時代、この社会において有効性が確かめられている、人間どうしの社会的な活動のルール、人々の結びつきの規則にすぎないからである。道徳や法的正義などの価値判断に関して、理性であれ神であれ、何らかの絶対的な根拠や源泉を求めようとすることは、科学についての認識論的反省の場合と同様に、「傍観者的知識観」にもとづいた伝統的哲学がひきずってきた、誤った保守主義、無益な「確実性の追求」という誤謬に陥る、ということに他ならないのである。

自然の真理、すなわち仮説的信念は実験を通じて検証される。社会のルール、人間どうしの結びつきや交渉の規則もまた同じく、実験を通じて提起され、討議され、検証される。デューイは社会の内なる人間の、道徳的・政治的行為の基盤や規則をめぐって展開される、このような知的探究のスタイルのことを、「民主主義（democracy）」と呼んでいる。民主主義とは、いうまでもなく表層的には、全体主義や独裁主義などと比較される、政治的統治の形態の一種類である。それは一般には選挙による代議士の選出を軸にして、社会のなかの地域や階層、主義主張や伝統など、さまざまな基盤を異にするグループが、社会的統治の機構におけるそれぞれの権利と利益とを確保するための、一つの政治的体制のこととされている。

†生のスタイルとしての民主主義

しかしながら、デューイは民主主義をこのような政治体制の一種としては理解しない。彼はあくまでも、民主主義とは人間における知的な探究や努力の形態であり、問題的状況の共有とその解決の道への共同的模索のスタイルであると主張する。民主主義とは体制であるよりもむしろ、まさに一つの「生のスタイル（a way of life）」である。それは厳密な意味での法の執行にもっぱら関わるというよりも、探究的な問題追及の姿勢であり、暫定的な提言の模索と、よりよい改訂への努力の継続運動に他ならないのである。

社会的問題の特定やその解決への模索には、それぞれの共同体の慣習や伝統の問題が大きく影響を及ぼすであろう。しかし、この伝統や慣習の影響ということは、自然科学の領域における探究においてもまったく同様の機能を果たしている。そして、自然科学における探究の方法が、問題の把握から分節化、仮説の示唆、仮説のテストという形で進行するのと同じように、社会的な領域における問題の把握とその解決への模索もまた、問題意識の共有から、さまざまな関心の関与への傾聴、自由なアイデアの示唆、可能な解決策の実効力のテストなど、複数のステップの複合的な過程からできている。

デューイの考える「生のスタイル」としての民主主義において求められることは、これらのステップに関係する人々がそれぞれの段階に積極的に参与し、その進行への妨害をできるだけ排除しようとすることだけである。具体的な方策としては、社会的問題に対するこの探究のスタイルにおいては、次のような民主主義的生に特有の生活態度が要求される。すなわち、民主的な対話への率先した参加、それぞれの主張や意見に関して、その根拠や理由を十分に開陳しようとする姿勢、さらに自分とは異なる意見を提起する人々に対して自由な発言の場を確保しようとする態度——。

デューイの考える民主主義とは、このように人々がいわゆる代議制ではなくて、その規模の大小はともかく、何であれ直接的な公開の場において、問題を提起し、意見を交換し、新しい提案に沿って行動を起こそうとする、ローカルな場面における対話重視の共同生活のスタイルのことであった。

はたして、このような直接的民主主義ともいえるような考え方が、一個の政治思想として、アメリカ合衆国のような二〇世紀を代表する、ほとんど帝国ともいうべき巨大な国家において、本当の意味でしっかりと機能できるのかどうか。あるいは、それはルーズベルト大統領のニュー・ディール政策などにおいて、どの程度まで具体的な成果をあげることができたのか。これは、アメリカの政治の現場に関わる重要な、しかし別に考えるべき問題である。

また、以上のような民主主義の思想が、教育という別の場面においてどれほどの意義をもつものなのか、ということも、社会における青少年の育成という主題にからめて、改めて論じられるべき問題である。教育において、開かれた民主的な討議のスタイルが、どこまで徹底的な追求を許すべきなのか。教育の現場における「権威」の役割は、どのような形で開かれた自由な教室と共存できるのか。これはこれで、デューイの思想の別の角度から問われてくる問題である。

しかし、ここではまず、パースから始まった古典的なプラグマティズムという――方法と真理をめぐる――哲学思想が、デューイによって大きく拡張されることによって、ある種の「政治論的転換」をも許容するものであった、ということを銘記しておこう。パースがこの思想を初めて提唱したのは一八七〇年代であった。デューイがその『論理学――探究の理論』において、パースの探究の理論を改めて体系化したのは、一九三〇年代の後半であった。この思想はこの六〇年間に、アメリカに独自な哲学思想として大きく成長した。ところが、その直後、第二次世界大戦の前夜には、この思想は哲学の表舞台から一旦、退くことを余儀なくされたのである。

ローティ

クワイン

パトナム

第二章

少し前のプラグマティズム

1　クワイン

†論理実証主義からネオ・プラグマティズムへ

われわれは、古典的なプラグマティスト三人の思想を順番に見てきた。彼らは人間のさまざまな知的活動や経験の本性を、「探究的なもの」であり、「前進的なもの」であると考える点で、一致していた。それは、近代西洋哲学の祖デカルトが目指していた「確実な基礎をもち、一切の疑いをいれない知識」ではなくて、誤っている可能性のあるもの、改訂の可能性のある信念をえるための探究の理論であった。

彼らはまた、「真理」という概念について、いずれも「事実との対応」という伝統的な理解を厳しく批判する点では一致していた。とはいえ、それに代わる真理の意味については、三人三様の態度をとった。パースにとっては、真理とは「科学的探究の最終的な収束点において見出される信念」のことであるとされた。ジェイムズにとっては、真理とは行為において信頼しうる「有用な道具」であると考えられた。そしてデューイにとっては、真理とは探究の共同体において認められる「保証つきの言明可能性」であると分析された。

このように三人の思想家の真理観は互いに重なるところがあるとしても、その重点の置き方が相当に異なっていた。そして、プラグマティズム内部でのこの異なった重点や重心が、さらに大きな振幅を見せるようになったのが、ジェイムズらの五〇年後に興隆を見ることになった、いわゆるネオ・プラグマティズムに属する人々の哲学思想である。

私たちにとって前世期にあたるこの時代、つまり二〇世紀のアメリカの哲学の歴史を、もう一度非常におおざっぱにまとめておくと、アメリカではこの世紀の最初の頃にプラグマティズムが隆盛を誇ったのちに、一九三〇年代にヨーロッパから移入された「論理実証主義」が、それを凌駕する勢いで哲学研究の最前線を形成した。哲学のシーンでこの学派が優勢となった第一の理由は、論理実証主義が形式的な議論や分析的な概念の道具立てに関して、プラグマティズムの思想よりもはるかに秀でていたために、その後のアメリカにおける専門的哲学研究にとっては、その質的向上の大きな原動力と見なされたからである。

論理実証主義はしかし、その後、この思想の運動に関わる人々によって、内側からの批判が徐々になされるようになり、その結果として次第に大きな勢力を失っていって、また改めてプラグマティズムへの傾斜が生じることになった。最終的に二〇世紀後半のアメリカの哲学の主流は、「ネオ・プラグマティスト」と呼ばれる思想家たちによって担われることになった。アメリカ哲学の二〇世紀は、したがって、非常に単純化していえば、プラグマティズムから論理実証主義へ、そしてネオ・プラグマティズムへ、という思想の交代劇として見ることができるのである。

もちろん、この図式はあくまでも極端に単純化したストーリーであり、二〇世紀前半のアメリカ哲学と大陸の哲学との関係は、正確にはこれだけに限られるわけではないから、この間の新旧両世界の哲学のドラマを説明しようとすると、話は相当に込み入ったことになる。

とはいえ、ここではこれらについてあまり細かく考える余裕はない。ただ、これからのストーリーを追っていくための予備知識として、二〇世紀後半にネオ・プラグマティストという名前で活躍することになった代表的哲学者たちと、この論理実証主義の思想とがどのような形で交わっていたのか、ということだけをはじめに確認しておくことにしよう。

†三人の思想家たち

さて、本章の以下の説明に登場するプラグマティズムの思想家の中心は、クワインとローティとパトナムの三人である。このうちクワイン（一九〇八〜二〇〇〇）は、大学院時代にアメリカ・プラグマティズムの牙城であるハーヴァード大学で教育を受け、その影響を強く受ける一方で、大学院修了後、若くして一九三〇年代からウィーン、プラハ、ワルシャワなど、ヨーロッパにおける当時の論理実証主義の重要な研究拠点に学び、その代表的な思想家たちとの深い関係をもった。そして、彼らがナチス以後アメリカへの亡命を余儀なくされると、アメリカ国内で引き続き長期間の理論的交流を重ねながら、ついに一九五〇年代に入って、論文「経験主義の二つのドグマ」を発表して、その問題点を指摘すると同時に、改めてプラグマティズム的発想への回帰を説いた（クワインのいう「経験主義」とは論理実証主義のことである）。

一方、クワインよりも二三歳若いローティ（一九三一～二〇〇七）は、シカゴ大学に学び、そこに色濃く残っていたデューイ的な思想傾向を引き継ぐとともに、クワイン哲学の後に出てきた何人かのプラグマティストたち（ウィルフリッド・セラーズ、ドナルド・デイヴィドソンなど）の思想をも吸収する形で、クワイン以上に徹底したプラグマティズム再生の運動を推進した。彼はさらに、これらの人々の思想とは別の文脈で、論理実証主義の内部的な崩壊という傾向に力を貸した、トマス・クーンの科学史の理論からも大きな影響を受けた。

科学史家のクーンは、有名な『科学革命の構造』において、パラダイムを中心とする科学の変動の理論モデルを提起した。パラダイムという概念を使ったこの歴史理論は、科学哲学の角度から見ると、科学的な真理というものが科学者たちの世界観に依存する、相対性をもったものであることを強調する立場であり、それはジェイムズ的な多元論の一種であるように見える。そこで、ローティはクワインやセラーズ、デイヴィドソンによる論理実証主義の内在的批判に、クーンの多元論をしっかりと重ねるならば、プラトン＝デカルト型の哲学のモデルを批判しようとした、デューイのいう「哲学の改造」の試みが、まさしく具体的な形で完成しつつあると主張した。

二〇世紀後半のアメリカ哲学の基調が、「ジェイムズ＝デューイ的な思想」であることを誰よりも強く主張したのはこのローティであり、彼こそがネオ・プラグマティズムという哲学的立場の第一人者というべき地位を獲得した人物である。

なお、クーンの科学史もまた、クワインたちとは別の意味で、論理実証主義の内在的崩壊の一つのモーメントであったといわれる。その理由は、代表作『科学革命の構造』が、この思想運動の中核的刊行物である『統一科学百科事典』シリーズの最後のほうに登場しながら、この運動の基本的なテーゼをことごとく否定する主張を展開したからである。

そして、三番目に登場するヒラリー・パトナム（一九二六〜、ローティより五歳年長）については、その生涯における非常に目まぐるしいともいうべき理論的変転の軌跡が、そのまま論理実証主義の興隆から崩壊のドラマの体現であるともいえる。彼は大学院でカリフォルニア大学ロサンゼルス校に学び、そこで活躍したハンス・ライヒェンバハやカルナップら、生粋の論理実証主義者たちの科学哲学・論理思想の継承から出発した。しかし、その後、(科学的法則や理論的対象の実在性を主張する)科学的実在論という立場や、(心の存在論的位置を脳から独立させ、コンピュータなどとも共有できるとする)機能主義に立った心の哲学など、さまざまな理論的転換のプロセスを繰り広げた。

そして最終的には、パース=ジェイムズ流のプラグマティズムと(後期)ウィトゲンシュタインの哲学を重ねることで、彼独自のプラグマティズム的発想へと回帰した。ローティがネオ・プラグマティズムの思想を華々しく展開したのは、主として一九八〇年代であるが、パトナムが本格的にこの思想を展開したのはむしろ九〇年代に入ってからである。

パトナムは、ローティのように、パースをまったく無視してジェイムズとデューイの二人だけからプラグマティズムを再興しようとするのはむしろ行き過ぎであり、プラグマティズム思想の貧困化を招くことになると考えた。彼にとってはパースの科学的探究の論理への強い関心をもう一度活用しつつ、極端な相対主義へと傾きがちな多元論に歯止めをかけることが、健全なプラグマティズム的態度の発展にとって重要だと思われたのである。

†論理実証主義

以上のように、二〇世紀後半のアメリカ哲学、あるいはプラグマティズム思想の展開は、クワインによるプラグマティズムの再評価から始まって、ローティによる相対主義的方向への非常に徹底した傾斜があり、その後にパトナムによる揺り戻しがある、という軌跡を描いた。そしてこの軌跡には、論理実証主義との関係がいろいろな角度から影を落としている。ここではクワインらの思想展開の理解に必要な限りで、この思想についてもごく簡単に、概略だけを押さえておくことにしよう。

「論理実証主義（Logical Positivism）」という名称はもともと、「論理主義」と「実証主義」の合体ということである。前者の論理主義とは、イギリス・ケンブリッジ大学におけるラッセルや（前期）ウィトゲンシュタインらが第一次世界大戦前後の一九一〇年代に展開した、形式的論理学の体系化を下敷きにした「言語に関する論理分析」の重視、という発想のことである。後者の実証主義とは、それ以前の一九世紀後半のドイツ、オーストリア、フランスで起こった、科学的知識についての一つの哲学的立場である。

実証主義とは簡単にいえば、何であれ経験において実際に観察され検証されたことだけが有効な認識であるという主張であるが、もう少し厳密にいうと、カント的な「現象と物自体」という認識論上の区別は意味をなさず、実証的現象の背後に何らかの実体的なものを想定することは哲学的に誤りだ、という考えである。この思想は一九世紀後半以降に、H・L・F・フォン・ヘルムホルツ、エルンスト・マッハ、アンリ・ポアンカレなど、それぞれ多少とも色合いを異にする複数の哲学者によって展開されたが、一九二〇年代になると、ウィーン大学のモーリッツ・シュリックをリーダーとする「ウィーン学団」とベルリン大学のライヒェンバハをリーダーとする「ベルリン経験主義哲学協会」の下に集まった人々が、イギリスのラッセルらに由来する論理的分析という新たな武器を携えた形で、もう一度この思想を復活させて、伝統的哲学に対する科学的改訂という大きな哲学的運動を展開した。

この運動のウィーン側の代表的な研究者は、カルナップ、ハーバート・ファイグル、クルト・ゲーデル、カール・メンガー、オットー・ノイラートなどであり、ベルリンのほうの代表的な研究者にはカール・ヘンペルやクルト・グレリングなどが数えられる。そして、このメンバーとその家族には、多くのユダヤ系の人々が含まれていたために、一九三〇年代に入ると、ナチスの勃興とともに激しくなったユダヤ人排斥運動のために、彼らはイギリスやチェコ、オランダなどを経由して、アメリカ各地の大学へと移籍することを余儀なくされた。当時アメリカにはこの思想傾向と親和性のある思想家としては、シカゴ大学を中心に、チャールズ・W・モリスやアーネスト・ネイゲルなどの哲学者がいた。そこで、彼らの思想は新大陸においては「ウィーン・シカゴ学派」と呼ばれるようになった。彼らは共同して『統一科学百科事典』という科学の各分野を網羅するシリーズを刊行することを計画し、この計画の下での「統一科学」という理念を広く世間に喧伝しようとした。

†統一科学と反形而上学

論理実証主義の人々が提唱した「統一科学」という考えは、物理学から生物学、心理学、経済学など、すべての科学分野をその「実証性」という根本性格によって統一すると同時に、各分野において共有されるべき実証性の「基準」を明らかにしようということである。そして、この基準を明確化するために彼らが活用しようとしたのが、ラッセルや前期のウィトゲンシュタインによって展開されてきた「論理分析」という手法である。

シュリックらは『統一科学百科事典』の刊行に先立って、『科学的世界把握』(一九二九)というパンフレットによって、マニフェストを発表していた。彼らはそこで、この運動の目標として、諸科学における「言明の有意味性」の基準をはっきりとさせることによって、哲学における形而上学的独断を一掃することを掲げた。彼らのいう諸科学が守るべき言明の有意味性とは、あらゆる言明が経験的知覚の場における「検証可能」という意味での実証性をもつべきだということであり、形而上学はこの基準から逸脱した、多くの「無意味」な言明を乱用しているために、廃棄されるべきだというのである。

　論理実証主義が掲げる反形而上学の直接のターゲットは、ヘーゲルなどのドイツ観念論の哲学と、当時ドイツ哲学の輝ける新星として歓迎されていたハイデガーの基礎的存在論の企てなどである。とはいえ、彼らの哲学批判はそれだけにとどまらなかった。というのもシュリックらが理解した、ラッセルやウィトゲンシュタインの論理思想によれば、経験科学とは異なる数学・論理学の領域に関しても哲学的刷新が必要であり、それまで長く哲学界において自明視されていた、カント的な意味での「アプリオリな総合的判断」の可能性も拒否する必要がある、と考えられたからである。

　西洋の近代哲学の代表ともいうべきカントの思想によると、デイヴィッド・ヒュームが提起した科学的知識についての懐疑論は、アプリオリな総合的判断の可能性を認めることによって、初めて退けることができると考えられた。ところが、ルードウィヒ・ウィトゲンシュタインらの論理分析によって、あらゆるアプリオリな真理は同語反復（トートロジー）であることが判明した。2＋2＝4は、カントの哲学では「アプリオリな総合的判断」という特異な真理命題である。ところが、ラッセル＝ウィトゲンシュタインによれば、それは総合的に真なのではなく、分析的に真なのである。したがって、論理実証主義の人々からすると、すべての科学的言明は経験的な面からいって検証可能であり、かつ、形式的な面からいって（分析的あるいは同語反復的に真という意味で）論理的に整合的であるために、有意味な言明の体系だとされるのである。

†論理実証主義と古典的プラグマティズムの相違

論理実証主義の哲学を非常に簡略化して述べると、以上のようになる。この思想とこれまで見てきた古典的なプラグマティズムとの間には、ある意味で重なる点もあるが、非常に食い違う点もあることが直ちに見てとれるであろう。

まず、これらの二つの思想において、かなり類似している点というのは、どちらの思想も信念や認識の経験的有意味性を重視して、アプリオリなもの、原理的なものをできるだけ排除しようとする姿勢である。そして、この点では特に「方法としてのプラグマティズム」、つまりパースの唱えた意味の格率と、論理実証主義の有意味性の基準との類似性が指摘できるだろう。どちらの基準においても、何らかの言明の「有意味」がテストされるのは、経験の場において以外にはないのである（といっても、二つの基準はまったく同じものではない。この点については、パースの出した有意味性の基準が、命題におけるダイレクトな実証可能性ではなく、「条件法的なもの」であったことを、想い出してほしい）。

他方、これらの思想の間の相違については、特にジェイムズ的なプラグマティズム、つまり真理を有用性と見る思想との食い違いが目立っている。ジェイムズの議論で強調されたことは、信念の真偽が問われるのは、単純な事実的事象に限られるわけではないということである。というのも、事実と価値という二分法そのものが、彼の見方からすれば一つの哲学的偏見、あるいは形而上学的誤謬であるからである。

この点で、論理実証主義はまったく反対の立場を表明している。この立場では、有意味なもの、真偽の問いうるものは、まさしく実証的なもの、事実によって検証できるものだけであるから、真理とは価値的観点などがまったく関与しない、ストレートな知覚的次元の事象に限られる。ジェイムズにあっては科学と宗教や道徳は等しく真理の候補となりうるが、カルナップらの見方からすれば、宗教や道徳は個人の主観に依存した、いわば感情的なものであり、およそ実証的なものとはいえないのである。

さらに、ジェイムズの理論では、信念がその有効性を発揮するのは、無数の経験からなる「経験の宇宙」が、その全体において生きているという事実の下においてであった。このモデルでは、個々の信念は一つの全体のなかの一部として意味をもつのであって、単独の形では意味をなさない。しかし、論理実証主義では認識全体についての問題は、そのシステムの論理的整合性、つまり分析的演繹関係に還元されるために、認識に関する全体論には特別の価値がない。言明はまさに知覚的経験という具体的な場面において、個別的、ピースミールに検証されるのであり、その真偽は経験ごとに別々なのである。

†クワインの論理学と思想の特徴

さて、クワイン以降のネオ・プラグマティストたちが、論理実証主義との間に複雑な関係をもつとすれば、当然のことながら、ここで確認した二つの思想の相違点に関わるということは明らかであろう。つまり、事実と価値の峻別の可能性、さらに信念の体系性・全体性に関する問題意識が、クワインやローティらについてのこれからの議論の中心になるのである。

まず、論理実証主義とプラグマティズムの発想の相違を最初に活かすことになった哲学者であるクワインの場合を見てみよう。彼にとって一番問題になったのは、右に取り上げた二つの相違点のうちの後者、つまり信念に関する個別性と全体性の対立である。

ウィラード・ヴァン・オーマン・クワインはハーヴァード大学大学院で、パースの伝統を継いだ論理学者C・I・ルイスの下で学び、専門的な論理学者となったが、大学院修了後にヨーロッパに留学し、そこで接したアルフレト・タルスキやカルナップの論理学の先進性に感銘を受けて、カルナップがアメリカに移住すると、きわめて親密な学問的交流をするようになった。その彼が、「経験主義の二つのドグマ」という論文（その後、他の重要ないくつかの論文とともに『論理的観点から』に収録されて出版）で、論理実証主義は暗黙に前提する「二つのドグマ」のゆえに支持できる立場ではない、と論じたのである。

クワインは単著の本だけで二〇冊ほど出版し、邦訳も一〇冊ほどある、きわめて多産な論理学者・哲学者であった。論理学の分野では、いくつかの初等教科書タイプのものから、『論理学の哲学』のように、現代の論理学の根幹につながるような方法論的著作まで、幅広く出版している。また、哲学の分野でも、『存在論的相対性、その他のエッセイ』や『刺激から科学へ』など、非常に刺激的な作品を数多く発表している。しかしながら、二〇世紀後半の世界を代表する哲学者としての彼の主著は、何といっても「経験主義の二つのドグマ」を含む論文集『論理的観点から』と、その思想の言語哲学的洗練を企てた中心的著作、『ことばと対象』の二冊である。

論理学者としての彼の理論の特徴については、ごく簡単に次の点①だけを挙げておく。他方、クワインの思想的骨格は、彼の二つの主著に沿って、②と③の二点にまとめられる（二〇世紀後半を代表する思想家としてのクワインの重要性を正確に知るためには、できれば①の点についても詳しく知ることが大切なのであるが、ここでは紙幅の都合もあり、この方面の議論についての解説は省略する）。

①彼はラッセルらの論理主義にもとづく概念的記法、つまり関数と項とを基本とした形式論理の体系化が、個物とその集合に関する「外延主義」という発想においてもっとも革新的であった、という解釈を採用し、この解釈に沿った形で集合論の構成のさまざまな方法を吟味し、その洗練に貢献した。

②カルナップとの長期にわたる論争を下敷きにして、科学的知識に関する「全体論」を前面に打ち出した。何度も記したように、これが彼のプラグマティズム再生のコアにあたる主張である。

③知識に関する全体論と行動主義的心理学を組み合わせることで、「根底的翻訳の不確定性」という非常にユニークなテーゼを打ち出した。これは、彼の著作のタイトルにあるように、「ことばと対象」の結びつきをめぐる伝統的な言語観に対して、大幅な変更を要求するような、革新的な理論であった。

†経験主義の二つのドグマ

それではまず、「経験主義の二つのドグマ」の議論から見てみよう。

クワインがドグマ——独断による誤り——と呼ぶ論理実証主義の二つのテーゼとは、論理実証主義が主張した、Ⓐ分析的命題と総合的命題は明確に区別できる、Ⓑ経験的言明はその一つ一つについて、感覚的経験に結びついた（つまり実証的な）言明に帰着させることができる、という基本的なテーゼである。

クワインはこれらの二つを哲学的に間違った主張であるというのであるが、そのために彼がまず打ち出すのが、Ⓑに対する批判であり、彼はこの批判を介して、さらにⒶについても維持できないとする。われわれが先に見たように、論理実証主義の哲学的メッセージは、論理分析の手法を生かして実証主義の思想を厳格化するとともに、カントの説いた「アプリオリな総合的判断」の思想を打倒する、というところにあった。ところが、Ⓐの否定を通じて、その形式的根拠ともなるはずの総合的判断と分析的判断の区別が、実際には有意味な区別ではないということになると、彼らのカント批判は崩壊してしまう。クワインはもちろんそれによって、カントへ帰れ、といおうとするのではない。そうではなくて、彼はこのことが、認識論におけるプラグマティズム的発想の重要性を証言している、といおうとするのである。

まずⒷのほうの問題から見よう。われわれはなぜ、経験的な言明や命題が、個別に一つずつ経験との照合にかけられると考えてはいけないのか——。クワインはⒷを批判する理由として、一九世紀の実証主義的科学者の一人、フランスのピエール・デュエムの議論を応用する（デュエムはポアンカレと並ぶフランスの偉大な科学者・科学哲学者であり、科学史の分野でも非常に大掛かりな宇宙論史を公にした）。

何らかの経験的言明が、感覚に与えられる実際上の事実と照合されて、真なる言明の候補の一つとなったとしてみよう。その言明はいわば「仮説」として認められて、さらなる検証やテストにかけられることになるはずである。しかし、この仮説のテストは本当に個別的、ピースミールに行われていると考えてよいのだろうか。そうではないだろう。というのも、厳密な科学における仮説のテストには観測器具その他の複雑なメカニズムが利用されることになるが、観測器具の使用にはそれ自体にいくつかの仮説的信念が前提となっているのであるから、テストされる仮説は結局、それ自体で単独に経験による実証を受けるというよりも、さまざまな仮説的信念のネットワークやシステムとともに検証されている、ということになるからである。

たとえば、光の本性についての仮説を例にとってみる。光は「粒子」なのか、それとも「波」なのだろうか。フランスの物理学者レオン・フーコーは、回転する鏡を利用して、水中の光の速度と空気中の光の速度を比較して、その大小によって光の本性を特定しようとした。しかしこの実験は、光の本性に関する単独の仮説の検証ではなく、粒子説に立つニュートンの光学という理論体系と、波動説に立つホイヘンスの光学という別の理論体系に関して、その妥当性の決着を目指すために、多くの背景的知識を動員して行われた実験であった。

†デュエム＝クワインのテーゼ

世界に関するさまざまな経験的言明の検証においては、個々の単独の命題と事実との照合は不可能であり、検証は信念のネットワーク、言明のシステム、あるいは体系的理論の全体という形でしかありえないであろう——。これはわれわれの信念が個別的で確定的ではありえないという、ジェイムズ流の全体論の一種であるが、クワインのこの議論は一般にその理論的源泉であるデュエムの名前と結びつけて、「デュエム＝クワインのテーゼ」と呼ばれることが多い。

われわれの認識は単独に検証されるのではない以上、それが有意味であるのも、個別的・単独的なあり方ではなく、全体のシステムにおいてである。ところで、論理実証主義によれば、言明や命題がそれぞれ有意味であるためには、それが経験に照らして何らかの真なる事実的情報を与えてくれる、つまり総合的に真であるか、あるいは、命題自体には経験的内容はないが、形式的な整合性を保っているために、アプリオリに真、つまり分析的に真であるかの、いずれかでなければならなかった。特に、分析的に真なる命題は実際には同語反復という意味で、意味をもたない、単なる形式的な真理であった。

しかし、われわれの外界についての言明や文・命題がどれも単独では経験的とはいえず、したがって有意味でもない、ということになると、もう一方の同語反復的な命題、分析的な真理のほうはどうなってしまうのか。それらは、総合的な命題の真理にかかわらず、それ自体としてアプリオリな真理の位置を確保していられるのであろうか。

クワインはこの点についても、そうではないと主張する。総合的な命題、経験的な言明の意味が単独では決定できないように、一見分析的な命題、同語反復的に見える命題も、それがアプリオリに真であるかどうかは、簡単には決まらない。したがって、われわれの「分析的・総合的」という区別はそれ自体が無意味で不毛な発想である、ということになる。つまり、テーゼのⒶ、分析的命題と総合的命題の二分法もまた、それ自身がドグマであり、維持できない思想だというのである。

たとえば、「独身男性は未婚である」という命題を考えてみよう。「独身男性 (bachelor)」という言葉と「未婚の男性 (unmarried man)」という言葉は、常識的にいえばほぼ同義であるから、この文は普通に考えれば、同語反復であるといってもよい。とはいえ、厳密にいえば、「未婚の」という形容詞はある人物についての経験的な性質を表す言葉であり、そして、経験的な性質についての言明の真偽は、右に見たように単独の言明として真偽が定まるわけではなく、さまざまな言明のシステムのなかでしか確定されない。つまり、ある性質の「意味」は、正確には言語の体系を背景にした形でしか決定できない。したがって、文「独身男性は未婚である」が同語反復であるかどうかは、この文について単独で確定できるような純粋に形式的な性質とはいえない。

つまり、分析的・総合的真理の区別は曖昧であり、知識や信念の全体のあり方に依存していて、変化しうる、不確定な区別である。クワインはそれゆえ、この種の区別は廃棄するべきだという。そして彼はそうした廃棄こそが、まさしく哲学におけるプラグマティズムへの回帰を意味する、というのである。

†プラグマティズムの真理観の再生

先に見てきたように、論理実証主義の唱える「実証性」ということは、個々の感覚的な体験や知覚的な認識が、それぞれ個別の形で、外的な世界の事実からの刺激に対応し、それ自体で意味のある信念内容を形成できる、という発想であった。この発想は直感的にはよく理解できる考え方であり、われわれの常識的な経験理解にもうまく合っているように見える。

しかしながら、クワインは論文「経験主義の二つのドグマ」で、こうした常識的な発想はあまりにもナイーブであり、十分な再吟味が必要であると主張した。われわれは知覚や経験において、外なる事実についての「生の」データを直接に受け取っているわけではない。われわれの経験は無数の信念のネットワークであり、われわれはいわば「信念の蜘蛛の巣」を活用しながら世界へと向き合っている。

この信念のネットワークには、中心部分にあって、さまざまな経験からの改訂に対する抵抗力が非常に強い、いわば頑健な部分と、これとは反対に、経験とじかに接していて、具体的な経験の変化や様相に従って、いつでも修正や改訂を受け入れる用意のある、システムの周辺部分とがあり、さらには、これらの二つの極端な部分の中間に位置していて、あまり修正の必要にはさらされていないが、いざとなれば大規模な編成変えも受け入れるであろう中間部がある。人間の経験とはこのような多層的、全体的、異種的なレベルからなる構造である。

クワインのこのモデルによれば、われわれの個々の信念が探究や経験を通じて真理として永続的に保持されるのか、それとも偽として廃棄され、変化し、別のものに変更されるべきであるかどうかは、つねにシステム全体のどこに修正を加えるべきかという次元で考察されるべき事柄である。つまり、信念の真偽はナイーブな意味での外界の事実との「対応」の問題ではないし、同語反復と総合的判断との問題でもない。それは信念の蜘蛛の巣のどこに手を入れ、どこを保持するべきかという、きわめて実際的・実践的な問題であり、プラグマティックな問題である。

信念はその保持がシステムとして決定的に重要であれば、「真理」として承認され続ける。反対に、その廃棄が大きな損失を意味しないのであれば、容易に改訂の場にさらされ、偽と見なされることも承認される。したがって、われわれの信念の真偽は「そのシステムにとっての有用性」という次元に依存して決められる。この意味で、クワインの理論はまさに、素朴な実証主義を退けて、プラグマティズムの真理観を再生させたのである。

†根底的翻訳の不確定性

さて、クワインは論理実証主義者が単純に想定したような、経験と対応した生の言明や真理はありえないのだということを明らかにしたが、このナイーブな真理観への批判をさらに大々的に展開しようとしたのが、彼の第二の主著ともいうべき『ことばと対象』で示された言語哲学である。クワインはこの本で、「根底的翻訳の不確定性（The indeterminacy of radical translation）」というユニークなテーゼを発表して、世界の諸事象に関するもろもろの記述がもつべき意味や真理は、実際にはきわめて多元的なものであるという、ジェイムズ以来の思想をさらに発展させようとした。

たとえば、私たちは自分の言語とは非常に異なる言葉を使う人々に出会って、その人が発している言葉の「意味」について、あれこれ考えたり、その人の述べている陳述の「真理」についていろいろな角度から評価し、判断を下そうとすることがあるだろう。クワインはこうした「異なった言語使用者間で問われる意味や真理の評価」という道具立てを使って、われわれの信念に帰属されるべき意味や真理の本性に関する思想を掘り下げようとする。彼はそのために、「根底的翻訳」という特殊な舞台を設定するのであるが、その根底的（ラディカル）な翻訳とは、ある言語について翻訳しようとする人が、意味の評価の対象となっている当の言語について、自分ではまったく何の知識ももちあわせておらず、容易に類推や想像を働かせたりすることもできないような場面で、行うような翻訳の作業のことである。

ここで仮に私が言語学者として、自国から遠いところにあって、ある民族の人が野原のなかで行う発話行為を観察しているとしてみよう。私はその人の発する言葉をしっかりと聞けるし、その人の周囲の状況、その人の仕草などをはっきりと観察できる。しかし、私はその人の言葉の意味をまったく知らないし、耳で聞いた音から、その人が発した言葉の意味を、自分の言語体系に照らして類推したりすることもできない。私にとって、その人の言語は歴史的にも地理的にもまったくの異質なものなので、私は観察を通じて一からその言語を学ぶ必要があることになる。

私はこの観察作業を通じて、その人がウサギを目の前にしたときにはいつも、「ギャバガイ」と発声することを知ったとしよう。私は自分の観察をもとに、彼がこの発声によって「ウサギだ」といっている、と考えることができる。とはいえ、よく考えてみると、この翻訳が正しいかどうかには、実は確かな証拠がない。というのも、彼は私の言葉でいえば、「白い動物だ」といっているのかもしれないし、「長い耳だ」といっているのかもしれないからである。そして、私はこの単語以外にも、この人の言語使用についての観察を重ねることで、私自身のこの言語についての「翻訳マニュアル」を作り上げる。

ところが、私と同じ言語を話す別の言語学者が、同じ民族を対象に別の翻訳マニュアルを作っているとしたら、どうなるであろうか。クワインによれば、こうした根底的翻訳の状況において作られるマニュアルは、複数のものが可能であり、しかもそれらの間には互いに不整合なものも原理的にありうるとされる。つまり、言語的発声の観察と、その発声を促した外界の状況の観察という二つのものの重ね合わせから生まれた「言葉の意味の体系」は、ただ一つの体系に決定されることなく、不確定なままにとどまっている、ということになる。これが、まさに根底的翻訳の不確定性ということである。(8)

言語の意味とは、それを発話する人がもっている信念の中身、信念の内容である。しかし、言語の意味が根底的に不確定で、信念の内容が決定されていないとすれば、どうなるのであろうか。それは人が何かを主張しているとき、その主張者自身が自分の信念の内容を分かっていない、ということであろうか。もちろん、そうではないだろう。野原で「ギャバガイ！」と叫んだ人は、自分自身の信じる命題そのものを表明しているはずである。彼は自分の信念を表明し、それが真であることを対話の相手に対して主張しているはずである。

とはいえ、それはあくまでそうであろう、と推定されるだけで、彼の発した言語自体においては、翻訳の不確定性のゆえに、彼の命題に関する解釈が多元的に可能であり、その命題の真理も不確定であることが暴露されている。人は自分自身の信念の内容について、相対的で多元的な解釈をしているわけではないだろう。あるいは一般に、そういうふうには自己理解していないだろうと思われる。しかし、それでもその信念の内容は、相互理解、相互翻訳という公共の場面で吟味する限り、不確定でありマニュアルに相対的であることが判明する。言語の意味は自分では確定的と思われるのに、公的には不確定で、多様に解釈が可能である――これはかなり奇妙な事態であるといわなければならないだろう。

†クワイン思想の振幅

クワインは意味や真理の検証が、発声される音や知覚される環境世界への参照によってのみ可能である、という前提に立って、根底的翻訳というユニークな舞台設定を行った。この、意味や真理というものが物理的刺激をもとにした発声の聴取や環境の知覚からのみ決定できる、という発想そのものは、基本的には実証主義の考え方の継承に他ならない。それは経験的認識の不確定性を原則的に否定する立場である。

ところが、彼はこの前提に一貫して忠実であろうとすると、結果的に、世界についての多元的・相対的な真理観に帰着する、ということを確認した。このことは、彼の哲学が、もともと論理実証主義的な前提をある程度重視することから出発しながら、その内部からの批判を重ねていくうちに、最終的にはプラグマティズムの提唱へと至ったという事情と、きわめて整合的な事態である。

しかしながら、もう少し考えてみると、クワインが当初に考えた認識の全体論的性格という意味でのプラグマティズムと、多元的な世界観と存在論的な相対主義の容認という意味でのプラグマティズムということでは、その過激さにおいてかなりの相違がある。なぜなら、一つの認識の体系としての信念のネットワークのなかに、改訂が非常に容易な部分とそうでない部分との相違があり、しかもその区別は流動的であるという最初の議論と、信念のネットワークそのものが複数可能なので、その優劣はつけがたいという二番目の議論は、かなり違う思想を述べているからである。

つまり、彼は論理実証主義への内在的批判という基本的な姿勢において、終始一貫していたとしても、その結論の射程においては、かなりの振幅を見せたことになる。これをクワイン思想の深化の過程と見るのか、それとも彼自身も意図しなかった隘路への撞着と見るのかどうか。それは彼の哲学の全体の評価にも関係する、かなり難しい問題である。とはいえ、彼の哲学のもたらしたきわめて革新的な発想を最大限に評価する次世代の哲学者たちは、まさにクワイン哲学が孕んでいるこうした内在的緊張を強く意識したうえで、その解消の道を探るという仕方で、ネオ・プラグマティズムという立場の輪郭をさらに鮮明なものにしようとしたのである。

2 ローティ

†ローティの思想形成

それでは次に、リチャード・ローティのプラグマティズムを検討してみよう。

先に私たちは論理実証主義とプラグマティズムの対立点として、人間の認識の全体論的性格をどう考えるかということと、事実的認識と価値評価的信念との相違をどう考えるか、という二つの軸がある、ということを見てきた。クワインはこのうち、主として前者のほうを強調して、プラグマティズムというアメリカ固有の思想の再生を提唱した。しかし、右に見たようにこの提唱は結果的に、単に認識の全体論的性格の指摘にとどまらず、意味や真理についての相対主義や多元論まで導くことになった。クワインの後の代表的なプラグマティストともいうべきローティは、この多元論をさらにはっきりと前面に出して強調することで、二番目の対立軸である、事実と価値の二分法の拒否、という方向まで進んだ思想家であるといえるだろう。

ローティは学部時代にシカゴ大学で哲学を学び、大学院はイェール大学で研究している。これらの大学はデューイ由来のプラグマティズムの学風を残しているとともに、アメリカのなかでも哲学史の研究において伝統があるという特徴をもっている。彼は大学院修了後プリンストンからヴァージニア、そしてスタンフォードという名門大学で、哲学あるいは人文学の教授として活躍することになるが、その哲学のスタイルは、古代以来の西洋哲学史全体への目配り、二〇世紀のヨーロッパの大陸哲学への関心、そして、第二次世界大戦後のアメリカ哲学の歴史への反省など、重層的な性格をもっている。こうしたローティのスタイルは、ある意味では、彼の出身大学の研究スタイルの影響ということもできるだろう。

さて、プラグマティストとしてのローティの思想が形成されるには、これまで見てきたクワイン以外に、セラーズやデイヴィドソンなどによる論理実証主義に対する別の角度からの批判も影響している（彼らの思想の要点は以下に見るが、彼らもまた大きなくくり方では、ネオ・プラグマティストと呼ぶことができる）。ローティについてはまた、先にも述べたように、これらの認識論とは別に、科学史の分野でのクーンのパラダイム論の強力な影響ということもある。

これらの哲学者や科学史家の影響については、以下の議論のなかでさまざまな角度から触れることになるが、ローティの思想の特徴の一つは、こうした同時代の思想家への非常に積極的な関心ということにある。本書では、彼のネオ・プラグマティズムという思想の骨格を示すことに重点があるので、これらの同時代人による影響関係については概略的に示すにとどめるが、彼の同時代の思想への言及は、アメリカ哲学の舞台だけに限定されているわけではない。

彼はユルゲン・ハーバーマス、ミシェル・フーコー、ジャック・デリダらヨーロッパで活躍している同時代の哲学者たちについても、積極的に批判的論文を発表し、アメリカとヨーロッパ大陸哲学との対話に関して、非常に大きな貢献を行ってきた。彼のヨーロッパ哲学に対するこれらの批判的評価を参照することは、彼のプラグマティズムの独自性を裏側から理解するという意味でも、大きな意義のあることであるが、残念ながらここでは彼の思想活動のこの側面については省略せざるをえない。

†反パース主義

さて、ローティはそのもっとも初期の論文「プラグマティズム、カテゴリー、言語」以来、一貫して自分の立場をプラグマティズムと呼んできた。この論文が発表された一九六一年は、クワインの『ことばと対象』が刊行された翌年である。この論文で彼ははっきりと、「近年プラグマティズムは、思想としての尊敬の念を再び受けるようになった」と書いている。

とはいえ、彼の名声が確立したのは、それからほぼ二〇年後の、『哲学と自然の鏡』の出版によってである。この本の一九七九年の出版は、ネオ・プラグマティズムという立場のラディカルさを世界の哲学界に強くアピールするものであった。彼はこの本の公刊と同じ年に、ニューヨークで開催されたアメリカ哲学会東部部会で、「プラグマティズム・相対主義・非合理主義」という題の講演を行い、この思想に寄せられている相対主義や非合理主義という一般の批判が、哲学的に未熟な、誤った議論であることを強調した。さらに、この三年後には、それまでの十数年間に発表してきた論文を集めて、『プラグマティズムの諸帰結』を出版し、この立場から帰結する思想的射程は非常に大きなものであることを主張した。

この二番目の本の邦訳の題名は、『哲学の脱構築』となっている。そして、原著の『プラグマティズムの諸帰結』というタイトルは、パースが最初に反デカルト主義の立場を標榜した際に、「四つの能力から導かれる諸帰結」という論文につけたタイトルをもじったものであるが、同時に、ジェイムズのバークリーにおける講演のタイトルにあった、「実際的効果(Practical Results)」という言葉を活用したともいえるだろう。

ローティはパースの論文のタイトルは借用しているが、その思想自体はパースへの強い批判的立場をとろうとするものである。というのも、この本のなかで彼は、「プラグマティズムへのパースへの貢献は、彼がそれに名称を与えることでジェイムズを刺激したということにすぎない」とまでいいきっているからである(9)(あらかじめ一言付け加えておくと、ローティのこの反パース主義が、私たちの世紀のこの思想の展開に、どのような形で一種の反作用をもたらすかということが、次章のトピックとなるだろう)。

†ローティ理論の骨子

　さて、これらの作品に盛られた彼の立場を簡単に箇条書きにするとともに、彼に先行するセラーズらの思想家たちと彼の理論との関係を示すと、次のようになる。

　①彼はこれまでの西洋の哲学史について、プラトンからデカルト、ロック、カントまで一貫する特徴を、認識論における基礎づけ主義、真理についての本質主義、言語に関する表象主義として性格づけたうえで、それぞれがすでに破綻したものであることを主張し、認識論については反基礎づけ主義、真理については反本質主義、言語に関しては反表象主義を採用するべきだと主張する。彼がこのような主張のために活用するのは、クワインにおける全体論や根底的翻訳の不確定性の主張であるとともに、セラーズの「所与の神話」に対する批判という議論である。

　②以上の立場から帰結するプラグマティズムは、真理という概念に関して、科学から文学、道徳、政治まで、あらゆる知的活動をすべて優劣のない、平等のものとする多元論を採用する。客観的真理を追究するとされる科学が、他の知的活動に対して優位に立つ根拠は何もない。とはいえ、それが「人間の連帯の模範」となるという意味では、科学の価値

は高いということもできる。この考えによれば、客観的真理とは「人々が連帯という形で共有しうる信念」の別名であるということになる。

③真理が社会的な連帯という意味しかもたないのであれば、それは個々の文化や地域、時代に固有の真理しかないという、相対主義となり、場合によっては客観的真理という概念には何も意味がないという、通俗的な意味でのニーチェ的なニヒリズムともなりかねない。しかし、ローティによればこの懸念を真剣に考慮する必要はないとされる。彼は自分の立場を「自文化中心主義」と規定したうえで、ネオ・プラグマティズムに対するこうした批判をかわすために、クーンのパラダイム論や、デイヴィドソンによる「経験論の第三のドグマ」論やメタファー論を援用する。

†反基礎づけ主義・反表象主義

まず、ローティの反基礎づけ主義・反本質主義・反表象主義の議論はこうである。認識論におけるいわゆる「基礎づけ主義」とは、われわれの知識の確実性の根拠を、何らかの特権的な経験や心の働きに帰することによって、認識の体系的組織としての知識が確固たる基礎をもっていることを確認しようとする企てである。この企ては、典型的にはデカルトによる過剰な懐疑とその乗り越えによって示されているが、デカルトだけでなく、ロックによる経験論的観念の発生論も、カントによる超越論的な形式にもとづく客観的妥当性の証明も、いずれも人間の知識に対する基礎を与えようとする意味では、同じ哲学的企てである。

そして、この種の近代哲学を代表する哲学のスタイルは、事物一般に関する存在論的解明は、その本質の把握を目指すという、存在論上の「本質主義」の企てでもあった。というのも、デカルトやロックにおける第一性質と第二性質の区別は、物質的なものと精神的なものとの本質に関する区別に結びつき、カントにおける現象世界に対する構成原理としてのカテゴリーの適用は、諸事物がとるべき「実体と性質」という存在様式を、アプリオリな観点から確保できるとしていたからである。

ところで、デカルトからカントに至るこれらの哲学が前提にする基礎づけ主義や本質主義については、すでに見たように、パースからデューイに至る古典的プラグマティズムの思想家たちが十分に強力な批判を加えていた。したがって、ローティが自分の立場をプラグマティズムと呼ぶとき、その理由の一端がこれらの批判的観点であることは自然であるとしても、このことは彼自身のプラグマティズムの独自性を強くアピールするものではない。

むしろ、彼のプラグマティズムに新しい視点があるとすれば、それは彼が三番目に挙げる「反表象主義」という立場であり、このことを強調するために彼は、近代以降、現代にまで及ぶ哲学の根強い偏見としての「自然の鏡としての精神」、というイメージに注目するのである。

†反表象主義

彼がいう「表象主義」とは、われわれの認識の正しさを説明するために長い間採用されてきた、人間の認識作用に関する哲学的な見方の一つである。この見方によれば、認識が正しいということは、一つの精神が抱く断片としての観念や、言語的な言明の個々の断片(言葉や命題)が、外なる世界の断片を正しく「表象」している、ということであるとされる。そして、この表象主義が前提にしてきた精神のイメージこそ、自然の鏡としての心・精神という考え方である。

自然の鏡とは文字通り、人間の精神が自然の姿を映し出す鏡であるという発想である。ローティによれば、人間の心の働きに関するこのようなイメージは、コギトとしての精神が自らの内なる観念を直接に意識するというデカルトの心の概念から、経験を通じて観念の体系を充実させていくロックの議論でも、自らの受動・能動の作用を通じて現象界に関する「表象」を構成していくというカントの議論においても、等しく認められている発想である。

しかしながら、この発想は西洋の近代哲学に限定された見方ではない。むしろ、カントの哲学を乗り越えようとして、論理的な言語分析に依拠しようとした論理実証主義の哲学においても、強固に維持された考え方である。というのも、この哲学ではデカルトからカントに至る「観念」という発想を捨てて、言語における有意味性の確保という問題設定を採用することになったが、それにもかかわらず、この哲学が確保しようとした「意味」とは、依然として外的世界を映し出す正しい表象としての言表や命題のことである。その限りで、観念に代わって言語的な断片が精神活動の基体となったとしても、それが世界の実相を映し出し、表現し、代理する役割を与えられていることには変わりがなかったからである。

右のようなローティの反表象主義は、前章で見た古典的プラグマティストたちの理論との比較でいえば、デューイが掲げた「傍観者的知識観」への批判と、ほぼぴったり合致する説だと考えることもできる。ただし、デューイが批判したのが、プラトンからカントまでのイデアや観念を基礎にした知識観であるとすれば、ローティの理論では、これらの批判に加えて、分析哲学の伝統である「言語分析の手法」をも批判の対象とするという意味で、その射程がより広いものになっている点が特徴的である。

そして、彼はデカルトから論理実証主義に至る認識に関する表象主義を批判するために、われわれがすでに見てきたクワインの論理実証主義批判を十分に活用するが、それと同時に、ウィルフリッド・セラーズという哲学者の「所与の神話」批判という議論をも援用する。その理由は、クワインはすでに、論理実証主義における個別的経験にもとづく意味の確保という発想をデュエム＝クワインのテーゼによって退けていたが、セラーズは同じような批判的意識をもちつつ、感覚的個別経験から言語的命題の意味の成立に至るより広い次元について、われわれに対して「生の形で与えられるデータ」という概念を廃棄すべきだと論じていたからである。

なお、セラーズ（一九一二〜八九）は、クワインよりも少し年少で、ハーヴァード大学で学んだ後、ピッツバーグ大学で長いこと哲学の教員を務めた。主著は『科学・知覚・実在』（一九六三）で、人間の精神的活動が内包する、自然科学的客観的描像には還元されない、概念的な次元、いいかえれば規範的な次元の重要性を説いた。なお、ここで再び本書のストーリーを先取りして付け加えておくと、この規範性の重視が、ローティの後の哲学的展開にどのように影響をもたらしたかという問題も、次章のトピックの一つとなるだろう。

†所与の神話批判

「所与の神話（myth of the given「予件の神話」ともいう）」の批判とは、次のような議論からなっている。

所与という言葉は日本語としては硬い表現であるが、その意味は「与えられたもの、データ」ということである。私たちは普通、何かを認識している人間の精神の働きを、データとその加工の過程と考える。つまり、われわれの心には、外界からの刺激が生のデータとして直接に与えられていて、われわれはその刺激を自分の思考の形式にあった形に加工して、心のなかで表象したり思考したりしている、と考えがちである。

この場合の「自分の思考の形式」とは、カントのいうような知性のアプリオリな形式でもよいし、論理分析において認められる命題形式でもよいし、もっと日常言語のレベルで、英語や日本語の文法形式だとしてもよい。どのような形式にとっても、認識にはまず何かが素材として与えられ、それに形が加えられるというのが、普通の考え方である。そして、この図式において、データの与えられ方には、二つの役割が付与されている。すなわち、データの与えられ方は、まさに生のままの刺激としてあるために、因果的な働きをもつということ、また、それが直接的な因果的作用であるために、そこには認知的な誤謬が入り込む余地がない、ということである。

生のデータの受容には誤謬の入り込む余地がない。したがって、それは認識の「正当化」の根拠を提供するはずである。データを受容し、それを加工して表象するという認識論における表象主義においては、このような理屈にもとづいて所与の存在は認識の正当化の目論見に直結すると考えられる。

ところがセラーズは、認識に関するこのような正当化の企ては、認識の正当性についての誤った理解に由来する、無意味な作業であると主張した。さまざまな認識は、それぞれの認識が所属する「理由の空間」という規範的領域においてこそ、その正当性が判定される。理由の空間は、そこに属するさまざまな認識相互の間の理由関係や根拠関係を支えている空間である。そこでの正当化は、因果的な空間とはまったく別の次元での判定である。

しかも、旧来の認識論における表象主義的発想では、生のデータがそれ自体で特定できるというもう一つの誤解も混入している。クワインが論証したように、経験は単独のそれ自体としては何物でもなく、信念形成における何らの効力も認められない。経験はすでに概念のネットワークを背景にし、そのネットワークとの二重写しにおいてでしか、それ自体の意味や価値を形成できない。このことを考慮に入れれば、生の所与、センスデータのような直接的な与件は、正当化の文脈に入ることは原理的に不可能なのである。

ローティはセラーズのこの議論が、クワインの全体論以上に、デカルトから論理実証主義にまでつながる、「認識論的正当化としての哲学の役割」という旧来の発想の廃棄を促していると考えて、現代の哲学はこの議論の意味を十分にくみ取る必要があると主張する。哲学は、科学的知識の客観性や確実性を確保することに力を注ぐ必要はない。というよりも、哲学はわれわれの認識がもつべき客観性や確実性というものが、何ら特別な意義をもたないことを、もっと積極的に意識する必要がある。なぜならば、科学であっても道徳的、政治的主張であっても、われわれの信念の表明はそのすべてが言語を用いたコミュニケーション、対話のさまざまなスタイルであるが、そうであるとすれば、科学についてのみ絶対的な権威を認めたうえで、その確実性の有無や根拠を問うことにはまったく意味がないからである。

科学はたしかにきわめて有用な知識である。しかし、それが有用であるというのは、あくまでもわれわれにとっての「対話の道具」として有用だ、ということにすぎないはずだ。言語が自然を表象する鏡でないのならば、科学が他の知的活動と比較して、格段の権威を主張したり、特別の尊重を要求したりする根拠は何もない――。これは、ローティの哲学が伝統的哲学に対するさまざまな「反《アンチ》」を掲げる結果として、最終的にもう一つのアンチ、つまり「反権威主義」に至るということである。

†客観性とは連帯の別名である

さて、以上のような考え方が、ローティの反基礎づけ主義・反本質主義・反表象主義の議論であるが、われわれがこのような反表象主義を採用して、すべての知的活動が表象ではなく、対話の道具にすぎないと認めるとしたら、その結果はどうなるのか——。

その場合には当然のことながら、科学的知識に関する一般的な理解、つまり客観的世界についての信頼できる表象という意味での科学の尊重は誤っている、ということになる。科学はさまざまな知的活動の一つのスタイルにすぎない。科学における「究極の語彙」と、別の知的・精神的活動の領域における「究極の語彙」とは、それぞれ別のものであるので、その価値に関して序列もなくなり、すべて同列ということになるはずである。それゆえ、たとえば科学と文学とは、別のジャンルなのであるから、それらの間には優劣があるはずがない、ということになるだろう。

科学によって表象される外的世界についての客観的描像という発想は、古代以来の伝統的な哲学が長い期間にわたって暗々裏にひきずってきた、「神による世界創造の作業の人間による模写としての知識」という考え方の残像である。しかし、反表象主義を下敷きにした反権威主義に立つローティにとっては、こうした知識像は無意味であるばかりでなく有害でさえある。

プラグマティズムは、これとは対照的に、かつて〈神〉によって占められていた場所を埋める偶像として〈科学〉を立てたりはしない。それは科学を文学の一ジャンルと見なすのであり、別の言い方をすれば、文学や芸術を科学と同じ足場に立つ探究と見なすのである。そこでは倫理学は、科学理論よりも「主観的」であるわけでもなく、また「科学的」にする必要もないことになる。物理学が宇宙のさまざまな部分に対処しようとする方法であるように、倫理学は他の部分に対処する方法である。数学が物理学の仕事を助けてくれるように、文学と芸術は倫理学の仕事を助けてくれる。(10)

右の引用文のローティの説明は、「科学を文学の一ジャンルと見なす」といいながら、すぐ後で別の形にいいかえているように、その真意は必ずしも完全には明確でない。しかし、彼の議論を単純化して、とりあえず科学とは文学の一分野であり、また文学は倫理学の助けとなる道具である、と理解するならば、この文章の意味は結局、「科学的真理といってもその実質的な意義は倫理的な役割にある」、ということになるだろう。実際彼は、このような考えを、「客観性とは連帯の別名である」というテーゼで主張しようとする。

そして、伝統的な認識論の表象主義が無意味であるばかりでなく有害でもあるのは、このような連帯としての真理という倫理的次元の可能性を、われわれに見失わせるからである。

†「連帯」概念への批判

それでは、ローティのいう連帯とはどのようなものであろうか。彼にとって連帯（solidarity）とは、知的な探究を行う個々人が、探究におけるそれぞれの規範を共有しようと考える共同体へと帰属する、ということである。この帰属は、その共同体に属する個々人が、強制によらずにいくつかのルールあるいは規範に従うことに合意することで成立する。科学的探究はもちろん、こうした強制によらない合意にもとづく連帯の典型例の一つである。しかし、それは典型例の一つであるというだけで、他の知的探究のスタイルと比較して、格別に抜きんでた卓越性をもつわけではない。科学的探究に見られる連帯が一定の模範性をもつとすれば、それはあくまでも人間的連帯のはっきりとした典型という意味においてでしかない。

科学的共同体はそれに独自の規範に対するメンバーたちの帰属を通じて、自然的事象の予測と制御に役立つような語彙を増殖させようとする。そしてその語彙の増殖の企ての過程で、さまざまな知的活動の成果がときに客観的と呼ばれ、ときに主観的と判断されることがあるとしても、その知的活動の「目標」そのものが客観性の確保にあると考えるのは誤っている。探究の目標はあくまでも、知的活動や実践における間主体的な合意や共同作業にあるべきであり、客観性という抽象的な概念にあるべきではない。われわれはそれぞれの探究のジャンルにおいて、さまざまな行動規範や競争のルールを認めており、そのルールの共有において潜在的な連帯の場を確保している。そして、個々の具体的な探究と、その成果の公共的な場での公開は、ありうべき連帯のさらなる促進を動機づけるという意味で、探究的な活動の目標そのものとなるのである。

ローティはこのように科学的な知識を文学と同じレベルに位置づけ、真理や客観性ということを連帯へといいかえようとするが、こうした考えは当然のことながら、一種の「相対主義」ではないか、という批判を引き起こす。さまざまな知的活動がもっぱら、それぞれの主体が属する共同体での連帯の促進を目指してなされるべきだというのであれば、共同体はそれぞれの規範や価値基準、有意味性の判定基準にもとづいて、自分たちの連帯を強めることだけに腐心し、知的活動の一般性、普遍性、確実性への顧慮は捨ててもよいということになるだろう。そして、さまざまな時代、文化、民族に属するいろいろな共同体が、それぞれの観点から自分たちの認識や信念を、それがまさに連帯を強めるという理由で、価値あるものと評価するというのであれば、人間にとっての知的卓越性はまさしくすべてが相対的なものになり、確固たる基準のないものになるのではないか。

†自文化中心主義

ローティは、このような疑念や批判に対して、次のように返答する。認識論に関する反表象主義から帰結する反権威主義がよって立つのは、いわゆる通俗的な相対主義――真理は人それぞれ、場所や時代でまちまちであるから、認識的な優劣はどこにもない、という考え――ではない。それが標榜するのは、相対主義ではなくて、むしろ「自文化中心主義(ethnocentrism)」である。

自文化中心主義とは、さまざまな個々の信念の正当化の文脈は、「われわれ自身の」具体的な実践に相対的な形で決定される、という考え方である。あるジャンルの認識に関して、正当化の文脈が複数ありうるということは、それだけで、選択すべき信念の体系がすべて平等の意義をもち、まったく等しい価値をもつということを意味してはいない。われわれは複数の選択肢を前にしても、「われわれ自身の」実践に即して、可能な選択肢の間の優劣を判定できる。認識や知識についての反権威主義を採用しても、「何でもあり」ということになるわけではない。

このことは、実際の歴史においてはさまざまな価値観の興隆があっても、そのことから、全体主義的な体制が民主主義的な制度と等しい価値をもつということにはならないのと同じである。というのも、「われわれ自身の」基準では、全体主義は民主主義よりも倫理的・政治的にははるかに劣った思想であるのが明らかであるのと同様に、知的な連帯の可能性を模範として示す現代科学の活動は、それ自身の卓越性を積極的に主張できるからである。

ローティはこうして、自分の反表象主義が導く立場は、相対主義ではなくて自文化中心主義だというが、この議論がはたしてどれだけ説得力をもつものであるだろうか。誰が見てもすぐに分かる通り、これはかなり微妙な問題であろう。しかし、ここではとりあえず、自文化中心主義を擁護するために彼が挙げている、次の二つの哲学的な議論についても見ておくことにしよう。

さて、一般に自文化中心主義は、政治的な立場としても認識論の観点としても、ある種の保守的思想と見られることが多い。というのもそれぞれの共同体は、それぞれ自身の内側から、さまざまな選択肢の選択可能性を判断するのであるから、それはおのずから伝統を順守し、継続する発想に結びつきやすいと思われるのである。そうであるとしたら、この思想は反権威主義を標榜するローティにとっても、また、ジェイムズやデューイのような古典的プラグマティズムにおける改善主義、改良主義的道徳論、政治観にとっても、好ましくない反動的な考え方であることになり、全体として矛盾した立場であることになるのではないか。

しかしながら、ローティはまず、この立場がけっして保守主義や伝統墨守《ぼくしゅ》ではないことを、クーンのパラダイム論とデイヴィドソンのメタファー論に訴えて主張する。

†クーンのパラダイム論

トマス・クーンのパラダイム論は、彼が『科学革命の構造』のなかで展開した、科学の歴史に関するそれまでの累積的進歩史観を痛烈に批判した思想である。非常によく知られているように、クーンのこの理論によれば、科学的な理論の歴史的な変動や展開は、一直線の累積的な進歩の歴史ではなく、それぞれのパラダイムに依存した保守的時期と、その破棄と新しいパラダイムの形成という革命期との、ジグザグ的な交代の運動からなる。

科学の進展が累積的で直線的な「進歩」の歴史であるとする見方は、とりわけ論理実証主義において信奉されていた歴史観であった。すでに見たように、彼の『科学革命の構造』の公刊は、この思想運動の主要な刊行物である『統一科学百科事典』シリーズに含まれながら、この運動の根本的な信念を根底から覆したという意味で、この運動の内部崩壊に大きく寄与したものであった。

クーンのパラダイム論的科学観によれば、多くの科学者からなる探究共同体は、それぞれの時代のそれぞれのパラダイムを生きることで、特定の世界観を共有し、特定の問題解決の方法を洗練させていく仕方で運営されている。それゆえその作業はまさに自文化中心主義のスタイルで遂行されている。

しかしながら、そうした活動は、絶対的な永続性を保証されたものではない。というのも、パラダイムへの依拠は共同体への帰属であり、その共同体の伝統の維持と継続であると同時に、新しい断絶的で革命的なパラダイムへの移行の準備でもあるからである。なぜならパラダイムの信奉においては、伝統の維持への志向が強ければ強いほど、その破綻の危機が鋭く意識され、別のパラダイム構築への要請の勢いが強まるからである。つまり、この科学的変動の理論モデルによれば、科学という知的探究のあり方は、現状維持的であるとともに現状破壊的、保守的であると同時に革命的であり、両面をもった複雑な構造を備えているというのである。

ローティは自分が唱える自文化中心主義というものも、このパラダイム論と同じ構造をもっているという。すなわち、連帯を主たる目標とする科学者の集団は、自分の認める規則や規範に従った状態の下で、さまざまな別の仮説体系の可能性や価値についても判断しているのであり、そのことは必ずしも自分の規範やルールへの無際限の執着を意味するわけではない。科学の共同体はまさに、自分の共同体によって培われた判断基準の体系に従いつつ、さまざまな非規則的経験や逸脱的事例の勘案を行うことで、まったく別種の概念体系へと飛躍する可能性をもっているのである。

†デイヴィドソンの「経験論の第三のドグマ」

一方、デイヴィドソンの哲学理論のほうは、まず批判者たちが相対主義というレッテルを使用することで当然のこととして意識している、「実在論対非実在論の対立」が無意味な図式であるという議論として活用される。しかし、その言語哲学についてはさらに、自文化中心主義という立場のあやうさについても、言語使用における「文字通りの使用とメタファーの区別」の曖昧さという観点から、その有害さを払拭できる、という方向で活用されることになる。

ドナルド・デイヴィドソンはもともとハーヴァードにおけるクワインの教え子として出発しながら、その「根底的翻訳の不確定性」のテーゼをさらに押し進めて、クワインにも残っていた実証主義の残滓《ざんし》を消し去ろうとした思想家である。彼はそのために、クワインが提起した「経験主義の二つのドグマ」の上に、さらに「経験論の第三のドグマ」というものを上乗せして、クワインが両義的な立場のままで残していた実証主義の痕跡を完全に消し去ることを試みた。

クワインの根底的翻訳という図式においては、私にとって見知らぬ言語を話す「現地人」と、私と現地人とが共有している外的で客観的な世界と、それを観察している私自身という、三者が参加していた。この場合私と現地人とは同格ではなく、私は外界を観察しつつ現地人の発声を聞き、それを「翻訳」している。これは外界と二人の人間とからなる一種の三角関係であるが、二人の人間の関係はまったく完全に対称的なものではない。現地人の役割は主として、外界からの刺激に促されて言葉を発することであり、私のほうは外的刺激を受けつつ聞こえている言葉を翻訳しているのである。

ところが、この三角関係をもっと正確に対称的な形に整え直せばどうなるであろうか。その場合には、話者としての「あなた」と聴者としての「私」とは、それぞれが同じ外界と対面しながら何らかの情報を交換しあっている主体として、まったく同格の主体であるということになるだろう。私とあなたとは、同じ世界について複数の視点から接近することから生じる情報を交換し、それによってそれぞれの世界を「解釈」しあう。私とあなたとは、どちらか一方が主体でどちらか一方が対象であるような、主客の関係には立っていない。世界との対面関係に立つのは、私でもなければあなたでもない、間主観的な存在である。そして、もしも世界に対面する言語的な主体が、このような「三角測量」を行う間主観的、複数的、多角的な存在であるとするならば、世界と主体との結びつきは、「私と対象世界」という一対一の認識論的関係ではない、ということになるだろう。

認識主体としての私にとって、世界は真の姿を見せることができるのか(実在論)、それとも、それは不可能なのか(非実在論)、あるいは、世界の表れは主体のあり方に依存しているのか(相対主義)、それとも真理は主体とは独立に客観的に理解される必要があるのか(客観主義)——これらはいずれも哲学的にもっとも重要な問いとされてきたものである。ところが、これらの問いは実は、すべて「私と対象世界」との一対一的な対面関係を下敷きにした場合にのみ、問うことが可能であった問いである。そして、認識の主体とその客体とに関する一対一の対応という考えは、クワインも拒否できなかった「第三のドグマ」ともいうべきものである。

もしも、クワインがその全体論や多元論を徹底するために、根底的翻訳という図式をきちんと整備しなおして、論理実証主義への批判をさらに押し進めていれば、世界についての認識の成立に関して、どこまでが精神の側の貢献で、どこからが世界からの「刺激」による貢献であるのか、という区別を廃棄したことであろう。認識の成立に関して、世界からの入力と、主体の側の加工的な作用という二元論を想定することは、根本的に間違っている。そして、もしもこのドグマを捨て去るならば、実在論か非実在論か、相対主義か客観主義か、といった問いはもはや問題ではなくなるはずである。いいかえると、反表象主義を標榜するローティにとって、それは相対主義ではないかという批判や懸念は、深刻な理論的脅威ではない、ということになるのである。

ローティは右のようなデイヴィドソンの「根底的解釈」にもとづく言語哲学こそが、現代のプラグマティズムが最大限に活用するべき道具立てであると考える。しかし、彼のデイヴィドソンへの傾倒はこれだけにとどまらない。彼はメタファーをめぐるデイヴィドソンの議論が、さらに彼自身の自文化中心主義にとって有効な議論を提供すると考えたのである。

†ローティとデイヴィドソンの親和性

ローティとデイヴィドソンが共有する、言語に関する反表象主義に立つと、言語とはわれわれと世界との間を媒介する、ある種のヴェールのようなものではない。言語の成立は、どこまでが精神の側の貢献で、どこからが世界の側からの入力であるのかが定かでないような、一つの制度的・社会的な現象の成立である。われわれは世界を知るために言語の意味を知るのではない。むしろ、世界を知るということと言語を知るということとは、同根の事柄であり、分離して考えるのは意味のないことである。

そうであるとすると、個々の言語の断片にはそれに特有の意味が属していて、それを使ってわれわれが世界を（正しく、あるいは、誤って）描き出しているのではなく、断片の使用そのものが世界を現出させていることになる。そして、言語の断片に本来の意味が属しているわけではないということは、言語の意味を文字通りに使用する言語表現と、言語の通常の意味とは異なって、そこから逸脱して使用する象徴的、メタフォリカル、あるいはアイロニー（皮肉）的な使用ということも、普通に考えられるような、あらかじめ言語に即したレベルで固定して判定できる区別ではない、ということになる。

言語の使用が三角測量であり、あらゆる言語使用は本質的には根底的な解釈活動であるとすれば、ある表現の文字通りの意味といっても、それはその使用者間での共通の了解という以上の内実はなく、反対に、そのメタファー的な使用といっても、当事者どうしにとっての新たな使い方、という以上の中身はないのである。現在の時点で科学であれ芸術であれ、それぞれの知的探究文化にはその分野の「究極的語彙」が属している。しかしそれが究極的であるのはある時代、ある共同体においてであって、けっして永続的、永遠的なものであるわけではない。新しいものの見方、新しい言語の使用法は、この語彙の体系の下では派生的、逸脱的であっても、次の時代においては標準的、究極的であるだろう。

文字通りの意味とメタファー的使用の関係は、ちょうど新旧のパラダイムの関係と同じように、つねに変動し、流動的な関係に立っている。それゆえ、哲学はまさに反権威主義というその原理に忠実に、新たな語彙使用の発掘、アブノーマルな意味使用の可能性への注意を払う必要がある。哲学はそのことによって、「自文化」の内側から大きな文化的貢献を果たすであろう。

科学と文学とには本質的な相違がない。なぜなら、客観的な知識の追求という作業は、知的探究者の連帯のみを目的としており、この連帯における相互承認の視点は、自文化中心主義的価値評価の方法以外にはありえないからである――ローティのこうした強い主張が、右のようなデイヴィドソンのメタファー論と相性のよいものであることは、容易に理解できるだろう。

かくして、一九六一年のもっとも初期の論文「プラグマティズム、カテゴリー、言語」以来、一貫して自分の立場をプラグマティズムとしつつ、同時代の哲学的動向が「プラグマティズムへの尊敬の念を再びもつようになった」と主張してきたローティは、まさしくセラーズ、クーン、デイヴィドソンら、現代哲学の代表的な理論家たちの理論的支柱を活用しつつ、ネオ・プラグマティズムの隆盛を誇ることができたのである。

3 パトナム

†変転を繰り返した哲学者

ヒラリー・パトナム（一九二六〜）は作家の父をもち、シカゴに生まれたが、幼少期はフランスで過ごした。一〇歳頃からフィラデルフィアに住み、ペンシルバニア大学で哲学と数学を専攻したあと、カリフォルニア大学ロサンゼルス校（UCLA）の大学院で哲学の研究を行い、プリンストン、MIT、ノースウェスタン大学などでの教職を経て、一九六五年から二〇〇〇年までの三五年間、ハーヴァードの哲学教員を務めた。

パトナムのUCLAでの指導教授は論理実証主義の代表的な思想家ハンス・ライヒェンバハであり、ライヒェンバハが急死したあとカルナップがUCLAでその跡を継いだということもあって、若い時代の彼の理論は論理実証主義的な傾向を強くもっていた。しかし、彼はその生涯において、非常に目まぐるしく立場を変えたということでも有名で、分析哲学の流れにおいてパトナムほどその主張をたびたび変更した哲学者は、ラッセル以外にはいないとさえいわれている。

パトナムは九〇歳近い現在も存命であるが、その長い思想遍歴を非常に単純化していえば、彼はまず最初に、論理実証主義よりももっと形而上学的に実在論のほうに傾いた、「科学的実在論」という立場を標榜した。これは論理実証主義を相対論的な方向に変更したクーンの科学哲学とはまったく逆に、科学的知識が示す世界の客観的実在性というものを、非常に強く押し出す立場であった。しかし彼はやがて、いくつかの形式論理的な議論や言語哲学上の分析を梃《てこ》にして、この立場を完全にひっくり返した、逆の立場である「内在的実在論」という立場を主張するようになった。

ところがパトナムはさらに、この立場に対しても徐々に不満を表明することになり、最終的には、彼のいう「自然的実在論」あるいは「洗練された素朴実在論」というものに落ち着くことになった。つまり、科学的実在論から内在的実在論へ、そしてさらに自然的実在論へ、というのが彼の思想的変遷のホップ・ステップ・ジャンプであり、パトナムの採用しているプラグマティズムとは、この三番目の「自然的実在論」という考えの別名である。

†パトナム哲学の骨子

こうしたある意味であまりにも目まぐるしい変転を繰り返したパトナムであるが、その彼の哲学的メッセージを、プラグマティズムの特徴とからめて整理してみると、だいたい次の三点にまとめられると考えられる。

①科学的実在論から内在的実在論を通って自然的実在論へという変化の方向は、客観的知識の確実性や独立性に対する確信から、それについての懐疑の深まりの過程でもある。それは、事実と価値の二分法への批判をだんだんに強めていく方向であり、理論理性の重視から実践理性の優位へと移行するプロセスでもある。パトナムが最終的に自分の立場をプラグマティズムと自己規定するのは、基本的には、この「実践理性の優位」という発想においてである。

②彼はそのプラグマティズム的真理論において、デューイが採用した「保証つきの言明可能性」という発想を踏襲しつつ、それを「理想的な状況における保証つきの言明可能性」へと修正し、「収束」としての真理というパース流の概念を有意味とする。デューイ・プラス・パース——彼はこれによって、相対主義と科学主義という二つのイデオロギ

ーの両方を批判できると考えるが、これはいいかえれば、科学主義の方向を完全には消すことのできなかったクワインも、相対主義に大きく傾いたローティも、ともに批判するということである。パトナムの考えでは、古典的プラグマティズムの知恵をもう一度復活させることは、左右に行き過ぎたネオ・プラグマティズムのちょうど中間を目指すことだ、というわけである。

③特に、パトナムから見ると、ローティの自文化中心主義はやはり相対主義であり、プラグマティズムという思想伝統のよき面を見落としている。そして、プラグマティズムのよい面を理解するためには、ジェイムズの真理説が本来もっていた実在論としての性質をしっかりと理解することが重要だが、それとは別にまた、ウィトゲンシュタインの「ざらざらとした大地」というメタファーの下で展開される「言語ゲーム理論」に注目する必要がある。この理論は外見上、ローティの自文化中心主義と似たところがあるが、パトナムにとっては、けっして相対主義的な共同体理論ではない。パトナムのプラグマティズムの特徴は、最終的にはこうした発想の下で、ウィトゲンシュタインをカントとともに重視しよう、とするところにある。

†科学的実在論から内在的実在論へ

まず、パトナムにおける第一の回心、「科学的実在論から内在的実在論への転換」は次のようなものである。実在論というのは、われわれがその信念体系において存在を措定しているる何らかのものが、われわれの認識作用や認識形式から独立に、それ自体として存在しているという主張である。この意味での実在論に対立するのは、認識の対象をわれわれの認識作用や形式に依存したものと考える観念論である。そして、実在論の一種としての科学的実在論は、自然科学における理論的に措定されている対象（物質の構成要素や、元素、生物種など）や、その対象の振る舞いに関する法則的な秩序が、それ自体として世界のなかに、われわれの認識とは独立に存在している、という主張である。

パトナムはその最初の立場である科学的実在論を、言語哲学上の議論を用いて、科学的対象を指す言葉（語）の指示に関する外在主義によって擁護しようとした。たとえば、「水」という言葉があるとすると、この言葉が指示するのは、地球では「H_2O」という対象である。ところが、地球そっくりの別の世界では、水そっくりに見えるものが存在していて、それはXWZという素材からできているかもしれない。このとき、XWZはいかに水にそっくりな物質でも、「水」の指示対象ではない。「水」という言葉の指示対象を決定しているのが、私たちのこの言葉に込めた意味や、その使用法についてのルールであるとすれば、この言葉はXWZを指示しているともいえそうである。そうした指示の理解は、指示についての内在主義を採用することを意味する。

しかし、科学の言語における指示がそのようなものではなくて、私たちの生きている外的な環境世界そのものであることは、この「水」の例からも明らかである。われわれの科学的言語の使用の正当性を決定しているのは、外的世界そのものであり、いわば世界そのものに正しい言語が属しているといってもよいくらいである。

科学はこの環境についての実在的なあり方を描き出そうとすることで、世界そのものの言語を完成していこうとする作業である。われわれの現在の時点でのその描写がどれほど不完全なものであるとしても、その描写がいつか完全になり、真に正しいものになることに、原理的な障害はない。科学的知識のもつ真理とは、まさしく、この言語や認識の形式から独立な世界と、われわれの言語表現との間に見られる、非認知的な（つまり端的な）合致ということに存している。

パトナムはまず最初に、このような強い実在論に立ったのであるが、次第にこの立場に懐疑的になり、内在的実在論という独自の立場に移行した。内在的実在論とは、言語の指示作用に関する外在主義や、科学的対象の認識非依存性、真理の対応説などからなる、右の立場の主張をすべて否定する立場である。

まず、われわれの世界についての描写は原理的には完全化・絶対化が可能であるという想定は、きわめて夢想的で不可能な考えであると思われる。われわれのさまざまな世界描写や分析的記述は、すべて個々の描写の状況に依存した、関心と目的に縛られている。何が存在するか、何が真理であるか、何が指示対象であるかは、それぞれ存在論、真理論、言語哲学の問題であるが、よく考えてみるとこれらはすべて認識し記述し主張するという、われわれの人間的な営みの下で遂行されている事柄である以上、人間的な目的意識と実践のスタイルに従って多様なあり方が可能である。つまり、われわれの実践と目的、志向作用と理念から隔絶した「レディメイドの世界」としての外的世界は、実際には想定できないのであり、われわれが世界に関して実在論を維持するとしても、それは個々の主体の関心と内在的に結びついた限りでの、かなり間接的な実在性の主張となるのである。

†カントとの共通性

この立場においては、科学的知識の真理性は、単なる外的世界におけるレディメイドな事実に対する対応であるよりも、われわれの知識探究の実践という行為に内的に結びついているのであるから、真理の源泉は外的世界よりもむしろ、われわれの探究の共同体の現場における主張可能性の側にあるということになる。また、この主張可能性には科学的探究における理念的価値や目的意識が付随しているのであるから、真理とは端的な主張可能性、言明可能性というよりも、理想的な言明可能性、理念としての主張可能性という、目的収束的な性格が付与されることになる。

したがって、内在的実在論が認める真理概念は、先にプラグマティズムの「源流」のところ（第一章）で見た、デューイとパースの真理論をまさしく合体させた形となり、その意味で彼の内在的実在論への転向（一九七〇年代）は、プラグマティズムへの第一歩を示すものであった。

ここでパトナムがいう内在的実在論の立場、つまり「世界についての認識の実在性は、われわれの認識関心や認識方法と相即的である」という主張が、過去の哲学者でいえばカントの立場と非常に近いものであることは、近代哲学史に多少とも通じた読者にとっては見やすいことであろう。カントは『純粋理性批判』で、世界を作り上げている「物自体」についての認識をわれわれはもつことはできず、われわれが知りうる世界は「われわれにとっての客観世界」という意味で、「現象」にすぎないと主張した。パトナムの内在的実在論の立場は、認識論という角度から見ると、カントのこのようないわゆる「超越論的観念論」の立場の、現代ヴァージョンともいうべきものととらえることもできる。

パトナムの内在的実在論がカントの哲学と共通性をもつのは、しかし、このような認識論的な意味合いに関してだけではない。彼はカントの超越論的観念論がその理論構築の動機づけのうちに、「実践理性の優位」ということを含んでいる点を高く評価する。つまり、われわれの知的探究の目指す客観性が、われわれ自身の問題関心や志向性と結びついているということは、探究という知的営みそのものが目的追求的、価値追求的本性をもっているということであり、その限りで、理論構築を目指す純粋理性の働きの根底には、知的共同体において普遍的に妥当する価値の発見と共有とを目指す、実践的な意味での理性の働きが認められる必要がある。

パトナムはこの側面を強調する限りで、カントの哲学が単なる観念論の一種である以上に、実在論としての性格をもつと解釈するとともに、それがプラグマティズムへの第一歩であったとしたのである。

†自然的実在論への移行

ところが、彼はこの内在的実在論にも満足することなく、さらに自然的実在論という思想を提唱して、プラグマティズムの色合いをより鮮明にしようとした。この二番目の理論変換、つまり「内在的実在論に対する批判から自然的実在論への移行」の道筋は、だいたいこうである。

内在的実在論はそれまでの科学的実在論の独断的科学主義をまぬかれているという意味では、はっきりとした哲学的な進歩を示している。とはいえ、それが科学的実在論のまさに「裏返し」であるという意味では、この立場も逆の意味での独断の危険を孕んでいる。あるいは、別の言い方をすると、科学的実在論が形而上学的な意味での実在論の一種であるとすれば、その主張をすべて否定する内在的実在論もまた、もう一つの形而上学であることから逃れられそうにない。

科学的実在論の主張の一つとして、世界についての十分に詳細で完全な記述は原則として可能であり、それは科学の理想であるという議論があった。内在的実在論はこの主張に対して、そうした完全な記述は不可能であると異を唱えるのであるが、問題は、そのような完全な世界描写が可能であるか不可能であるか、にあるわけではない。むしろ問題は、世界についてのもっとも詳細で完全な記述や描写、という概念がそもそも意味のある概念であるのかどうか、また、たとえそれが意味のある概念であったとしても、その達成の可能性を問うことに意義があるのかどうか、ということである。内在的実在論はこの問題に正面から答えようとはしていない。

内在的実在論のもう一つの弱点は、われわれの認識や世界描写に関する理解から「レディメイドの世界」という亡霊を除去しようとするあまり、真理についてのデフレーション（価値の切り下げ）的な理解へと向かう傾向に力を貸す危険がある、ということである。真理概念と外的世界との結びつきを最小化して、真なる認識や言明が純粋に言語内在的、言明内在的な性質と見ることは、われわれの心の働きに付随して語られる「言明」「対象指示」「信念」「思考」「想像」などの概念内容を極端に縮小して、ほとんどミニマムな内実しか認めないという方向に力を貸すであろう。

しかしながら、こうした傾向は、これらの概念や言葉がわれわれの精神作用に関わって使われると同時に、「世界関与的（world-involving）」なものでもあることを無視している。これらの概念がその世界関与性に関して説明上の困難をもつのは、これらのどれかを基礎的なものと定め、そこから他の概念を導出しようという、単純化された言語―世界関係を前提にしているからである。言明や信念や指示作用は、どれかがもっとも基礎的であるというよりも、これらの概念の全体が一つのシステムをなすと同時に、それぞれの概念に関して、典型的な心的働きがあるというよりも、認識のタイプ、信念獲得の文脈に応じて、さまざまな世界関与のスタイルを許容する必要があるのである。

†洗練された素朴実在論・自然的実在論

さて、パトナムはこのような度重なる自己批判的思想変更の結果として、カント由来の「実践理性の優位」の重要性を強調する一方で、真理についてのデフレーションを拒否するという発想から、「洗練された素朴実在論」や「自然的実在論」という、かなり複雑な呼称をもつ立場に到達した。彼は科学主義の否定（実践理性の強調）と相対主義の拒否（客観的真理の保持）という二面作戦から、この立場に転向したのであるが、科学主義と相対主義をともに批判するというこの作戦において、彼が議論として活用したのが、ジェイムズの多元論を実在論の一種として理解するという発想と、ウィトゲンシュタインの確実性の理論についての独特の解釈である。

まず、ジェイムズの哲学を実在論として理解するという論点はこうである。ジェイムズの真理観や全体主義的な認識論は、前章でその輪郭を見ただけでなく、その改訂版としてのクワインの全体主義についても検討した。ジェイムズにとっては、まさにクワインが後に強調したように、事実と理論との間には絶対的な区別はなく、何が事実であるかは、それが理論という背景の下でもつ意義を抜きにしては決定できない。しかし、何が理論として受容可能であるかは、理論の整合性や予測における応用可能性など、さまざまな価値判断に従ってのみ、決定できる。それゆえ、事実、理論、価値判断の三者は互いに結びついていて、論理実証主義が独断的に主張したような、事実と価値の峻別は原理的に不可能である（この点で、全体論的な認識論を展開しながらも、事実と価値の区別を捨てることのできなかったクワインは、ネオ・プラグマティストとしては、むしろ不徹底であったと見ることもできる）。

ところが、全体論的認識論を事実、理論、価値判断の相互依存として解釈し、世界の多元的な構造を承認することは、一方では、知識や信念の関わる外的世界の客観的実在性を見失う恐れが、つねに付きまとっている。そのために、ジェイムズの真理の説、すなわち「真とは行為における有用性のことである」という真理観は、相対主義の一種、あるいは主観主義の一種として、長い期間にわたって、ラッセルをはじめとする多くの哲学者の批判と嘲笑の対象となってきたのである。

パトナムはこうしたジェイムズ批判に異論を唱えようとする。ジェイムズはたしかに、真理とは「きわめて端的にいえば」思考における有用性のことである、とした。しかし、思考における有用性が何かということは、思考に先立ってあらかじめ決まっているものではない。それは思考のそれぞれの領域で、思考の具体的な作業とともに確認され、訂正されていくべきものである。

たしかに、思考の有用性の典型は外的事象についての「予測と統御」であるが、どのようなタイプの想定や認識が予測として機能し、何が現象の統御と見なされるかという問題自体が、一般に考えられているような、単純な事実の生起の予言や技術的支配ではありえない。思考しつつその有用性・有効性を確かめ、さらには有効性の意味そのものを反省する作業――これが行為における真理の追究ということであれば、認識の終極として認められ、「もはや有用な知識の獲得が終結した」という判断が成立するということは、その思考の連鎖が外的な世界からの一連の強制力の経緯を経験し、その結果として、逆向きの形でその経緯から立ち現れる「思考の運命」を自覚し、納得するという過程である。

ジェイムズの真理観はこの意味で、けっして単なる相対主義でもないし、主観主義でもない。それは非常によく練られた真理説であり、われわれの「人間的な生」の実情におけ る探究の実際を正面から問題にし、その問題意識のもとで、真理は「きわめて端的にいえば」有用性として理解されるべきだ、という提言である。パトナムは、今日の哲学界におけるジェイムズ研究の中心人物の一人である、妻のルース・アンナ・パトナムともに、このジェイムズにおける人間的な次元の強調に注目し、それを「直接的実在論」あるいは「人間的実在論」という名前で呼ぶことにしたのである。

†ウィトゲンシュタインとの類似性

パトナムはさらに、彼から見るときわめて洗練された実在論の立場であるとされる、人間的実在論とか直接的実在論ともいうべきこの立場が、ジェイムズとはかなり異なった文脈での哲学的作業に携わったもう一人の哲学者の発想とも、大きく重なるところがあるという。それが、ラッセルの弟子で、後にラッセルとは別の言語哲学の道を歩むことになったルートヴィヒ・ウィトゲンシュタインである。(11)

もう一度、この章の最初のほうで瞥見した論理実証主義の興隆という、一九二〇年代のヨーロッパの哲学の話に戻ってみよう。シュリックやカルナップを中心にしたこの思想運動の支柱は、一九世紀以来の実証主義哲学と、二〇世紀初頭に登場した、イギリスのラッセル、ウィトゲンシュタインらの論理分析の方法の、二本の思想からできていた。このうち後者の論理分析ということでは、ウィトゲンシュタインがウィーン出身だったということもあり、特にウィーン学団にとっては、彼の『論理哲学論考』こそが哲学的思索のもっとも理想的なモデルを示すものとして、高く評価されていた。そのことは彼らの思想的マニフェストである『科学的世界把握』においても、はっきりと銘記されていた。

ところが、ウィトゲンシュタイン自身は、シュリックらの中心メンバーによって思想上の共同作業への参加を強く求められたにもかかわらず、一九二〇年代当初からこの思想運動にはかなり強い抵抗感を覚え、科学主義的なイデオロギーとしての実証主義に対しては、はっきりと反対を表明していた（同じくウィーン学団の近くにありながら、その科学方法論を批判したのは、カール・ポパーである）。

ウィトゲンシュタインの前期の言語分析の哲学は、「われわれは語りうることは明晰に語りうるが、語りえないことは沈黙しなければならない」というテーゼに要約される。ウィーン学団の人々が重視したのは、このテーゼの前半部分「われわれは語りうることは明晰に語りうる」である。彼らにとっては、科学的知識の言明がまさしく明晰な知的活動の結晶として賞賛されるべきであり、これと対比される形而上学的思弁は無意味なものとして拒否されるべきだと考えられた。だがウィトゲンシュタインにとっては、後半部分の「語りえないことは沈黙しなければならない」こそ、自分の思想の核心部分だと見なされたのであって、形而上学的信念や倫理的信条の表明は、言語的次元では無意味であるとしても、まさに語りえないがゆえに、沈黙のうちに保持されるべきだと考えられたのである。

われわれは語りえないことについては、厳格な沈黙を守る必要がある。ウィトゲンシュタインは前期の『論理哲学論考』において、このテーゼをある種の絶対的真理として主張し、しかもこのテーゼの真理性については、この思想をすでに共有している人だけが理解できるという、かなり排他的な姿勢をもとうとした。しかし、このような排他的な態度そのものが独断的ではないのか。そのように後に自己批判した彼は、ケンブリッジ大学の哲学の教師生活（アメリカでは論理実証主義が大きな影響力をもっていた一九四〇年代）のなかで展開した後期の思想——いわゆる「言語ゲーム理論」——において、より間接的なスタイルで（つまり、前期よりもずっと「洗練された」仕方で）、「語りうることと語りえないことの区別」という発想の下に抱いていた思想を示そうとした。

私たちは、言語活動の型を一つの典型において認め、その型に合うものは有意味であり、合わないものは無意味であるというように、有意味性を基準にしてストレートに言語行為を二分割し、人間の重要な認識とそうでないものとを分けようとするかもしれない。そうした企てはたしかに、知的有意味性の裏返しとして、沈黙のなかでしか保持できない純粋な哲学的真理を探り当てようとする試みである。とはいえ、この企ては、言いうるもののみならず、言いえないものについても境界を確定しようとするという意味では、それ自体が形而上学的な企てであり、言明可能な形而上学的真理は何もない、というこの理論のテーゼそのものに矛盾している。

むしろ注意するべきなのは、言明可能・不可能の問題ではなくて、われわれが「語りえないことは沈黙しなければならない」と考える場合に、沈黙しなければならないというときの「ねばならない」が、形而上学の主張ではなくて、むしろ倫理的、道徳的な主張だということである。それは形而上学の克服を一つの倫理的な課題とする、ということであり、言語哲学の試みは本来、この倫理的な課題として遂行される必要がある。

†言語ゲーム理論

ウィトゲンシュタインが『論理哲学論考』の自己批判にもとづいて、『哲学探究』などで展開した言語ゲーム理論は、この倫理的な課題への回答である。言語ゲーム理論とは、言語を用いたわれわれの行為がゲームのようなものだ、という思想であるが、その論点の一つは、言語表現を行う行為には典型的な型などなく、さまざまな発話のスタイル、言語表現の使用法があるということ、つまり、言語とは主張、問いかけ、命令、祈り、約束、懇願、脅迫、言葉遊びなど、無数のゲーム的な行為の束だということである。そして、言語ゲーム理論のもう一つの論点は、言語の意味とは「多くの場合において」、ゲームのなかで使われる「言語表現の使用法」として理解されるということである。

言語表現の意味は基本的に、ゲームのなかでの使用法として理解される。そして、その使用法を理解しているのは、ゲームの参加者であり、ゲームの続行を容認している者である。ある特定のゲームにおいて、そのなかで使われる概念や主張の意味は、そのゲームに参加している者によってしか説明したり、解釈したりできない。というのも、さまざまな主張や疑問、対話、命令、その他の言語行為の「ねらい」は、具体的な発話の現場で、そのゲームのルールと、ルールの適用範囲を、生の形式として了解し、その了解をゲームの実践という形で証する者にしか、つかめるとは思われないからである。したがって、この議論では、さまざまな概念や認識の説明と理解は、ゲームへの参与的な姿勢を条件にしてのみ可能であり、具体的な情報の伝達や言語行為のメッセージは、いわば「感情移入的」にしか人々の間で交換されない、ということになる。

ところで、このような言語ゲーム理論の言語理解は、基本的に、意味や意図、定義や解説、問いと説明などが、言語実践の共同体の内部でのみ成立するという発想であり、ある意味では、ローティのいう「認識の真理や価値は自文化中心的にしか問うことができない」という主張に非常に近いものであるように思われる。認識や知識の価値や客観性は、自分の属する共同体の文化を背景にしてしか測定できず、この自文化の発展を望む知的連帯の形成という――一つの倫理的な――次元では、科学も文学も同じ価値を認めるべきである。これがローティのネオ・プラグマティズムの主張であった。ローティはまさにそれゆえにこそ、『プラグマティズムの諸帰結』その他の著作において、ウィトゲンシュタインを二〇世紀の代表的なプラグマティストの一人に数え入れたのであった。

†人間の自然的なものの理解能力

パトナムはしかし、ウィトゲンシュタインの言語ゲーム理論を、自文化中心主義として読むこうした理解は、誤りであると主張する。パトナムの考えでは、ウィトゲンシュタインが説こうとした、言語の理解に関する外からの視点の拒否とは、「道徳的な拒否」なのであって、理論理性的な作用の次元での誤謬に関する何らかの理論を下敷きにした、認識論ないし知識論のレベルでの拒否ではない。

ウィトゲンシュタインの言語ゲーム理論は、クワインの根底的翻訳のモデルやクーンのパラダイム論のように、言語理解についての一つの図式を考案して、その図式を通して言語理解という人間的行為の特徴を透かし見ようとし、その帰結としての存在論的多元性やパラダイムの複数可能性を主張する企てではない。それは、言語の理解というものが、個々のゲームとその背後の生の形式を共有する人々の間の、感情移入的な理解の作業であることに注目することによって、相互の理解という生の営みのなかで「自然に生まれてきているもの」を守ろうという作業であり、人間の経験のなかにいきわたっている善きものを受け入れようという試みである。

それは科学における知識の進歩と対比されるような、哲学的認識の独自性の確保という試みであり、その独自性は新たな知識ではなくて、すでに身の回りに日常的な形で存在する「自然なもののもつ善」への意識を研ぎ澄まそうという提唱なのである。

パトナムの見るところ、ジェイムズもパースも、あるいはウィトゲンシュタインも、それぞれ、生物的、宗教的、社会的存在としての人間という、議論の強調点は異にしながらも、人間におけるこの自然的なものの理解能力を強調しようとしたという点で、共通していた。人間はその自然本性からして、行為において依拠可能な程度には信頼性をもつであろう、外的世界の正しい認識をもつ能力をもっている。これはいわば、ヒュームの時代にデカルトからヒュームまでの認識論に見られる、「観念のヴェール」による精神観を批判した、トマス・リードの「素朴実在論」の現代版である。

われわれの時代の素朴実在論は、この主張を、科学主義や実証主義などの転倒した形而上学への批判という形で、非常に遠回りな仕方で展開する。そして、この批判が道徳的批判としての意味をもつことを自覚している。これが、パトナムが長い哲学的展開の遍歴の果てに辿りついた、「洗練された素朴実在論」という、ほとんど自己矛盾的なレッテルで語ろうとしたプラグマティズムの哲学なのである。

ミサック

ブランダム

マクベス

第三章

これからのプラグマティズム

ハーク

ティエルスラン

1 ブランダム

†新しいプラグマティスト

私たちはこれまで、最初に「源流」としてのプラグマティズムを作った人々として、パースやジェイムズ、デューイの思想を押さえたあと、それをもう一歩進化させ、発展させた思想家たちとして、クワインやローティ、パトナムの思想を見てきた。特に前章で登場した人々は、一般に「現代哲学」と呼ばれる分野のなかで、もっとも有名な思想家とされる人々からなるので、クワインからパトナムまでの流れこそ、「今日のプラグマティズム」そのものであるとすることも可能である。

しかしながら、本書では、これらの人々をあえて「少し前の」プラグマティストと呼ぶことにして、「今日のプラグマティスト」とは一線を画すことにした。それはもちろん、これらの人々の思想がすでに古びているということではない。ただ、二一世紀の今日、ローティを代表とする「ネオ・プラグマティスト」とは別の発想の人々が、「さらに新しい」

プラグマティストとして現れていて、そこには前世紀の人々とは異なった考え方が見られると思われるので、以下ではあえてその思想傾向に光を当ててみたいと思うからである。『新しいプラグマティスト（New Pragmatists）』――これはオックスフォード大学出版局から二〇〇七年に出版された、論文集のタイトルである。この本の編者は、シェリル・ミサックというカナダのトロント大学の哲学教授であり、そこに登場する論者たちは、イアン・ハッキング、ダニエル・マクベス、アーサー・ファインなど、現代の国際的な哲学界で活躍する人々であるが、そこでは「ネオ・プラグマティスト」と区別された「新しいプラグマティスト」の発想を伝えるために、次のようなことが序文に書かれている。

この本に登場する人々の幾人かは、リチャード・ローティの思想に従ったプラグマティズムの理解から、「プラグマティズム」というレッテルをもう一度奪い返そうということを、はっきりと謳っている。ここでいうローティの思想とは、われわれによって所有されるべき真理や客観性などというものはなく、あるのは連帯とか共同体における合意、あるいは、仲間が私たちに発話で担うことを許すものだけだ、という思想である。しかしそのようにはっきりと表明していない者も含めてこの本の執筆者はすべて、人間的探究がもっているはずの客観的な次元を正当に評価できるようなポジションを明確に

したい、という意図においては一致している。(12)

ミサックはこの序文で、こうした「「プラグマティズム」というレッテルをもう一度奪い返そう」と試みる人々の立場を、「プラグマティズムに関する修正主義者」と呼ぶ見方も紹介し、こうした呼称が自嘲を含むとしても、今日の大きな傾向を表す言葉としては適切であろうとしている。つまり、今世紀のこの思想の特徴は、ローティによって一方向へと行き過ぎてしまった思想の運動を、もう一度古典的なプラグマティストたちの重要性の再評価の作業と合わせることで、方向転換したいということである。

†ローティの二分法は誤り

それでは、この方向転換のためのヒントはどこにあるのだろうか。この論文集の寄稿者の多くは、認識や真理の歴史性、多元性、偶然性を認めることと、その正当性を承認し、その哲学的正当化を企てることとは、両立できるはずだと述べる。たとえば、寄稿者の一人で、『知の歴史学』などの著作で我が国にもよく知られたカナダの科学哲学者イアン・ハッキングは、次のように書いている。

私たち〔の祖先〕は数学の分野で、証明を構成するという方法を、〔歴史のある時点において〕発見し、真理であるというあり方の新しい姿をこの世にもたらした。人類はまた、実験室をベースにした推論のスタイルというものも発見した。……しかし、私たちが今日標準的と見なすこうしたもろもろの議論の方法が、それぞれの歴史をもっており、それらは古代世界のもっとも賢い人々にとっても存在しなかったのだという事実は、こうした方法のもつ客観的基準というステータスを減じるわけではない。(13)

この発想によれば、ローティなどが依拠した、連帯や共同体の重要性の認識か哲学的正当化の承認か、という選択的問題の設定は、実は誤った二分法によるものだ、ということになるだろう。

ただし、今日のプラグマティズムの目立った特徴は、こうした修正主義とも呼ばれる再解釈の企てや、歴史と正当化の関係に注目する、ということだけにあるわけではない。以下に瞥見するように、この編集者のミサックや執筆者のマクベスをはじめとして、現代のプラグマティズムを担う多くの思想家が、女性哲学者たちからなっていることは、今世紀のプラグマティズム運動が示す、もう一つの目覚ましい特徴である。

この思想の再評価の流れが多くの女性哲学者によって担われていることと、その評価の方向との間に特別なつながりがあるのかどうか、また、今後ともこの思想の中心的な担い手は女性哲学者であるのかどうか――こうした問いに現時点で、何らかの答えを出すのは時期尚早というべきであろう。ここではとりあえずただ、これまであまり知られていないこれらの思想家の議論や発想を紹介することで、私たちの「哲学のこれから」を占うための、いくつかの情報を提供するにとどめることにしたい。

†社会的実践への新たな応用

ところで、この章ではこれまでの哲学者たちのジグザグとした議論の歩みの延長にある、今日のプラグマティズム像を探っていくことにするが、今日のこの思想の領域が、けっしてこうした純然たる認識論や知識論の分野に限られたものではないことも、念のために注意しておく必要があるだろう。

もともとこの思想の源流には、デューイの社会改革論や教育論も含まれていたように、社会理論としてのプラグマティズムが含まれていたことはすでに見た通りである。そして、この伝統を引き継ぐ今日のプラグマティズムの関心としては、一方では、環境倫理学などでのこの思想の活用や、政治理論におけるプラグマティズムの意義など、社会的実践に即した研究分野での強い関心があるのは疑いがない。今日のプラグマティズムの重要性の少なくとも一部分が、これらの領域でのこの思想の活用に負っていることはまぎれもない事実である。

ここでその具体例をごく少数だけ挙げておけば、たとえば環境プラグマティズムの方向としては、過去二〇年間における環境倫理学の内部の分裂や論争を批判し、その克服を提唱する試みがいろいろな形でなされている。この領域では、二〇世紀の前半に一九四〇年頃から登場した、「環境倫理学の父」アルド・レオポルドの土地倫理学に見られるような「ディープ・エコロジー的な発想」に関して、その「自然の内在的価値」の提唱は反人間主義であるのかそうではないのか、環境ファシズムかそうではないのか、などの論争が長く続いた。

そして、現代の環境プラグマティズムの運動においては、アンドリュー・ライトとエリック・カッツ編の『環境プラグマティズム』(一九九六)などに見られるように、この種の議論がスコラ的で教条主義的な論争に発展してきたことを反省し、環境倫理学は「多元論的アプローチの必要性」を承認するべきであるとされている。この場合の多元論は、環境ないし自然を価値の究極とする道徳的一元論を拒否して、価値の多元性を強調することに重点を置いているが、こうした多元論はプラグマティズムの思想傾向を強く押し出したものであり、その意味で実践的問題におけるプラグマティズムの有効性は高く評価されるべきである。

また、政治学におけるプラグマティズムの評価では、当然のことながら「社会を変える」方法論に関して、徹底した実験主義を提唱したデューイの思想の再評価が議論の焦点になっている。しかし、民主主義のモデルにおける「プラグマティズム型」の提唱のためには、デューイだけでなく、ジェイムズやパースなど、他の古典的プラグマティストの発想の活用ということも改めて提唱されるようになっている。

たとえば、我が国を代表する政治学者の一人、宇野重規の近著『民主主義のつくり方』(二〇一三)では、次のような角度から古典的プラグマティストの評価がなされている。すなわち、多元的存在論にとっては、一切を含んだり、一切を支配したりする帝国や王国のモデルを捨てて、垂直的な統合ではなく、横のつながりを重視した「と共に」の世界を目指すという観点から、ジェイムズの哲学が再評価されており、さらには、連続主義の哲学において、人間の認識における「習慣」の重要性を強調し、「習慣の習慣」の形成、すなわち習慣のソーシャル化を目指すという意味で、パースの議論にも注意が注がれている。

反対に、デューイ哲学の政治哲学における再評価ということでは、たとえば、リチャード・ポズナーのように、プラグマティズムの意義は、政治的な討議における抽象的・概念的なレベルでの議論をできるだけ排除するという、方法論的な提案にあるのであって、その議論の結果が民主主義への積極的な寄与に進むべきであるかどうかは、あらかじめ定められたものではないという理論も提出され、いくつかの議論を巻き起こしている例もある。これらは近年のプラグマティズムに対する関心のなかでも、実践的な問題に関わる領域における関心の方向であり、しかもこの領域では非常に実り多い成果が生まれている。(14)

†ローティ流プラグマティズム理解からパース再評価へ

しかしながら、今日のプラグマティズムの展開については、こうした社会的実践の問題とは別に、哲学の古典的な問題領域である認識論や知識論の分野においても、今世紀に入っていくつかの目覚ましい成果が上がっているといえる。それは「知識」や「真理」に関する古典的プラグマティストたちの問題関心の延長で、改めてプラグマティックな視点にもとづく真理論、あるいは論理観の思想展開が可能ではないのか、という問題関心である。本章ではこれまでの本書の基本的な問題関心の流れに即して、この側面に重心を置き、近年の思想的動向について簡単なスケッチを描いてみたい。

ところで、先に触れた『新しいプラグマティスト』に書かれていたように、今日の認識論や知識論の分野に関するこの運動の焦点は、「リチャード・ローティの思想に従ったプラグマティズムの理解から、「プラグマティズム」というレッテルをもう一度奪い返」す、というところにあった。そこで、このような側面での近年の関心の焦点を知るためには、とりわけローティに代表されるネオ・プラグマティストたちの真理論に対して、現代ではどのような応答がなされているのか、という角度からアプローチするのが近道であろう。

前章で見たように、ローティはその反権威主義的哲学の標榜の結果として、科学と文学とは知的な権威としては、まったく平等であると主張したが、以下では、ローティへの返答という意味でのニュー・プラグマティズムとして、二つの角度から検討していくことにする。一つは、ローティ自身の陣営において、彼が依拠したセラーズやデイヴィドソンなどの思想伝統の内側から、ローティとは異なった真理観がえられるという議論が生まれていることを確認する。これは彼の弟子にあたるロバート・ブランダムらの思想を見ることで、彼の文脈に沿った別の可能性を確かめられるという見方である。

もう一つは、ローティのパース評価がきわめてネガティヴなものであったのに対する反発ということに関係している。前章に見たパトナムにおいても認められるように、ローティのプラグマティズムは、あまりにもジェイムズ＝デューイに傾いた、あるいはジェイムズ以上に相対主義に傾いた真理観を標榜していた。そこでは、パースは「この思想の名前をつけたという意義しかもっていない」とまでいわれていたが、この解釈は歴史的に見るといかにも乱暴である。そこで、この評価をどのように覆し、その意義を再解釈するかというところに、現代のプラグマティズムの一つの問題関心があるといってよい。

いいかえると、現代のニュー・プラグマティズムの論点の一つは、パース再評価にあるということもできる。つまり、現代のプラグマティズムの第三の特徴としては、「パース復活」ということがある。そして、この思想の第二の特徴である女性哲学者たちの活躍も、このパース復活に関係している。現代では多くの新鮮なパース解釈が登場しているのである。

†ブランダムとマクダウェルの思想的出自

さて、科学的探究の目的を真理ではなく連帯にあるとするローティの思想については、さまざまな疑問や批判的意見が出されてきたが、そうした批判的討論のなかでも、これまでとくによく知られてきたのは、ローティと同じようにセラーズの意義を強調する立場、いわゆるピッツバーグ学派に属する、ジョン・マクダウェルやロバート・ブランダムらの議論である。これはいわば、ローティの内側の陣営からの批判的乗り越えということになるだろう。私たちはまず、こちらのほうから見てみることにしよう。

セラーズはローティのところで見たように、クワインの論理実証主義批判と重なるような「所与の神話」の批判を展開したが、ブランダムらによれば、セラーズは単に論理実証主義の有意味性の基準を批判するだけのために、「所与の神話」を批判したのではない。むしろ、所与にもとづく信念の因果的正当化を批判することの意義は、知的探究において働いているはずの種々の規範のネットワークの役割に注目する、ということにある。

つまり、セラーズはむしろ、言語の使用に内属する「理由の空間」という規範的世界と、その規範の下で確保される対話的真理の追究の重要性を説こうとしたのであり、その意味で、所与の神話の批判から反表象主義と反権威主義とを導くだけのローティの議論は、プラグマティズムにとって「中途半端」だった、ということになるのである。

このことは、一九九四年という同じ年に発表された、マクダウェルの『心と世界』とブランダムの『明示化』の二冊に共通の発想であり、彼らは等しくセラーズの「理由の空間」というモデルを採用しつつ、前者のマクダウェルは、この文脈に沿ってカントとアリストテレスの問題意識を再解釈することで、「人間としての経験に即した客観性」という概念を回復できると論じた。また後者のブランダムは、同じくセラーズの問題意識を共有しながら、人間の言語行為の核心に、「理由を与えたり、求めたりする、推論的ゲーム」があることに注目し、「主張」という言語ゲームの特権性を主張すると同時に、言語ゲームにおける「関与や義務や資格」の視点の重要性を指摘した。

彼らはセラーズが後半生のほとんどを過ごしたピッツバーグ大学で教える哲学者である

ために、ともにピッツバーグ学派と呼ばれることが多いが、ジョン・マクダウェルはもともと南アフリカの大学で学んだのち、オックスフォードで大学院を終えた哲学者であり、イギリスの言語哲学の代表の一人マイケル・ダメットの系列に属している。これに対して、ロバート・ブランダムのほうはアメリカ出身で、学位論文の指導教員であったローティの直接の弟子にあたる。そのために、ピッツバーグ学派のローティへの内在的批判という意味では、ブランダムの思想のほうが注目されることが多いが、ここでも彼の言語哲学にいくつかの光を当てて、それがセラーズやデイヴィドソンを継承しつつ、ローティと異なるどのような真理観に至っているのかを見ることにしよう。(15)

†反表象主義の徹底

さて、ブランダムの言語哲学では、言語の意味や帰結、あるいは認識の真理や客観性について語る際に、言語使用に関する語用論的考察を最優先するというところに、最大の特徴がある。パース以来の長い言語分析の伝統において、さまざまな理論が採用されてきたが、言語の分析のアプローチには三つの角度があるということは、とりあえず基本的に共有されてきた。すなわち、命題や文を作る言葉どうしの連結の論理を明らかにする統語論（シンタクス）と、命題や文と外的世界との間で成り立つ関係を問題にする意味論（セマンティクス)、そして、命題や文のやり取りを行う情報交換の場での、文の発話の適切性を判定する基準に関わる語用論(プラグマティクス)の三つである。

言語分析のもっとも標準的なスタイルでは、言語へのアプローチはまず統語論と意味論の方向から体系を整備し、そのうえで言語の「使用」の場面で働く規則にも着目する、というのが普通の順序であった。しかし、これとは逆に、語用論を基礎において、そこから意味論を考察し、さらには統語論に及ぶという方向も皆無ではない。たとえば、前章のパトナムのところで見た後期のウィトゲンシュタインの言語ゲームの思想や、デイヴィドソンの根底的翻訳のモデルなどは、こちらの陣営に属する哲学である。そして、ブランダムの言語哲学もこの方向での最新のモデルであると考えられる。

さて、ブランダムにとって、ウィトゲンシュタインの言語ゲーム論にも似た語用論的アプローチを採用させている一つの背景は、明らかにローティの反表象主義ということがあるだろう。というのも、言語をまず意味論のほうから分析するという伝統的な分析の手法は、言語が外なる世界の表象の媒体であるという思想と密接な関係にあるため、言語における表象主義を批判する方法として、語用論のほうからアプローチするということは、反表象主義にとって非常に有効な方策となりうるからである。

しかし、ブランダムはこの語用論において、複数の発話者の間の会話の基盤が、きわめて規範的な性質をもっていて、けっして感覚的なレベルでの刺激と反応というモデルでは把握できないものであると強調する。彼の言語理解はこの点では、クワインやローティの自然主義的認識論の前提を否定する。つまり彼は反表象主義を徹底することによって、クワインやローティの意味分析が依拠していたような、行動主義的言語理解の批判へと向かおうとする。

ローティはたしかに、彼自身の反表象主義にもとづいて、客観性とは連帯という規範の別名であるという主張を展開していたのであるから、信念の交換行為としての対話の世界が、セラーズのいう「理由の空間」に属することを、部分的には承認していた。また、知的探究の世界が連帯を目指していると指摘しつつ、科学的探究のもつ倫理的な本質に注目した点でも、認識と規範との相関に関して、鋭い視点をもっていた。しかし、言語の意味の成立が、語用論とは独立の次元で、「外からの刺激とそれに対する出力の関係」として理解できると考えた点で、彼の言語哲学はなおクワイン的な実証主義の残滓を含んでいた。これがローティのプラグマティズムが「中途半端」であったとする、ブランダムたちの批判の要諦である。

†規範的語用論

ブランダムのプラグマティズムの主張を支える議論を、ここでは簡単に次の三点としてまとめておこう。

①規範的語用論
②推論的意味論
③真理をめぐる「代用文」理論とヘーゲル的プラグマティズム

まず、規範的語用論としてのブランダムの言語理解から見てみよう。

例として、クワインのギャバガイの議論設定とは少し異なるが、マリーとピーターとの間で次のような言葉が交わされている、としてみよう。

マリーいわく、「この犬は子犬のときは白色をしていたが、今では灰色をしている」。この発話を聞けば、ピーターは当然、目の前の犬に関して、マリーが「この犬は灰色だ」という信念をもっていると判断するであろう。ピーターはこの発話を耳にすることで、マリーに「この犬は灰色だ」という信念を帰属させるのであるが、これは別の角度からいうと、マリーが「この犬は灰色だ」という信念にコミットメントを表明した、とピーターが判断するということである。他方マリーもまた、自分がある信念へのコミットメントを表明したことを承知している。つまり、自分の発言によってコミットメントを引き受けている。

しかも、ピーターからすれば、マリーは目の前の犬の色に関して、灰色であることや、灰色に変色したことと両立しないような発言をする権利はないと考える。たとえば、ピーターの立場から見ると、マリーが「この犬はうす暗い所でも目立って見える」という発言をする権利はない。また、彼女が「一般に犬の色が成長とともに変わることはありえない」と発言することも、許されない。マリーには、犬がかつては白かったが今は灰色だ、ということと両立可能な文の発話にのみ、権利付与（エンタイトルメント）が生じている。そして、マリーもまた、相手からのこの権利付与を引き受けている。マリーは発話によって、信念へのコミットメントを引き受けると同時に、それに付随する権利付与の可能性についても引き受けている。

マリーとピーターの発話と理解の行為は、このように信念へのコミットメントとそれに付随して生じる権利の付与を本質的に含むという意味で、規範的な行為である。会話は規則に従ってなされているが、その規則は文章を作る文法的・統語論的規則ではなくて、複数の主体の間での信念やコミットメントとそれに付随する権利をめぐる、ギブアンドテイクの関係を支配する規則である。複数の主体は情報を交換することを通じて、権利をめぐるスコアキーピングをしている。このスコアキーピングのゲームのなかで、人は相手の主張の理由を尋ねたり、逆に、必要であると判断すれば自分から理由を補足したり説明したりする。つまり、人はセラーズのいう通り、「理由の空間」に生きるという仕方で、事実についての判断や説明や理解を行っている。

†推論的意味論

ブランダムによれば、以上のようや言語ゲームを下敷きにすると、互いのスコアキーピングとしての言語ゲームという規範的語用論のモデルは、その表裏一体の意味の理論として、「推論主義」という特殊な意味論を含意するという。マリーの発話する文の役割は、それに両立可能であるような他の文に対して、二人が認めるような推論的関係を示すということである。それぞれの文はそこから推論の可能性を付与するような、他の文との関係において、有効な役割を果たす。つまり、その文の意味とは、他の文との間に、どのような推論的関係をもちうるか、ということである。「犬が白から灰色に変わった」は、「犬の色は今は灰色だ」という推論を許すが、「犬の色は変化しない」という推論を許容しない。したがって、文「犬が白から灰色に変わった」の意味は、これらの推論上の関係として理解できる。

この場合に重要なのは、文どうしの両立可能性という関係は、あらかじめ形式的な論理的推論関係として、会話の場面とは独立に働いているわけではないということである。推論的な意味関係は、マリーとピーターの会話という、現実の言語使用の場面で有効に働いているのであれば、その限りにおいて一つの規範としてしっかりと機能している。言語の交換が理由の空間において成立するということの意味は、抽象的で形式的な論理的空間があらかじめ存在し、その空間の下で、文どうしの両立可能性の規則が定まっているということではまったくない。

規範の空間を形成しているのは、現実的で具体的な言語運用という行為であり、この行為において働いている規則や規範が、行為の外側であらかじめ設定されている必要はない。スコアキーピングとしての言語ゲームはいわば、レフェリーなしで、自分たちのゲームとして遂行されている。命題pから命題qの推論が許されるかどうかは、レフェリーに問うことなく、プレーヤー自身で判断されている。

ブランダムのいう推論的意味論とは、以上のように、命題間の含意関係に関して、「実質的《マテリアル》な含意」を「形式的《フォーマル》な含意」よりも先行させる意味論である。彼の理解では、一般に論理学のテキストにおいて認められているような、形式的に体系化された論理的含意関係とは、実際の使用においては明示化されず、暗黙に有効性が確かめられている実質的含意という観念を、言語使用の後で、しいて「明示化」したものにすぎない（『明示化』という彼の作品のタイトルは、ここからきている）。

客観的真理の一つとしての形式的含意関係は、含意に関するわれわれの実践的な知識を、形式的な知識に置き換えたものである。さまざまな原理は、具体的な規範的行動の実践に由来する。われわれの知識はあくまでも実践におけるノウ・ハウであるが、それを明示化すれば、ノウ・ザットにもなるのである。

†真理をめぐる「代用文」理論

それでは、このような推論的意味論と規範的語用論の基盤のなかで、一般に命題に関して付与される基本的な価値的性質、すなわち「真である」という規定は、どのように理解されるのであろうか。ブランダムはこの真理概念に関する分析において、おおむね二つのことを主張している。一つは、「真である」という表明は、以上のような言語ゲームの下で自然な、次のような発話の形式に従って理解されるべきだ、という主張である。

ピーター「この犬がかつては白かったということを聞いたけれど、それは本当のことかな？」

マリー「その通り、それは本当よ（It's true）」

このとき、マリーのいうItは、ピーターの聞いたこと、「この犬がかつて白かった」ということを代用する文である。

「ボブは昔白かったのかな？」

「たしかに彼は前には白かった」

ボブは犬の名前で、オスだとしよう。このような会話のなかで、ちょうど代名詞「彼」が固有名詞「ボブ」の代用となるように、ピーターとマリーの会話においては、代用文（プロセンテンス）が、別の文の代用の役割をしている。真理をめぐる代用文理論というのは、真理が前の文の代用を用いた、承認を表す表現作用だ、ということである。

言語分析という営みを、意味論を中心にして構成するこれまでの哲学の主流では、たとえば「「雪が白い」は雪が白いとき、そのときに限って、真である」という真理言明で代表されるような、タルスキ流の真理分析がもっとも標準的とされてきた。この種の分析では、「……は真である」という言明は、それ自身としては何らの意味をもたず、ただ、定義される文（「雪は白い」）の「」を外す役割しかない、とされる。真理は何かの性質を表す述語ではない。それは対象言語の「」を外す、メタ的な操作の指示である。

「脱引用符としての真理」というこの発想は、形式的意味論における有効性が高く評価された結果、分析哲学の広い範囲で標準的な手法としての地位が定着し、真理は性質ではないというその基本的視点からは、真理についての消去理論がさまざまな形で導かれてきた。この発想は、真理とは特別にすぐれた価値ではないという、ローティ型のプラグマティズムにとって、相性のよいものであった。

ブランダムの代用文説は表面的には、タルスキ型の脱引用符説に類似している。しかし、この真理論では、「真理」概念は完全に消去されることもなければ、連帯へと解消されるわけでもない。というのも、ブランダムの語用論優先型の言語分析では、真理述語は性質の述定という役目はもたないものの、言語ゲームにおける承認の表現という機能を失わないからである。その意味でこの真理論は、タルスキ流のモデル論的意味論から自然に導かれるように思われる、真理の消去説とは一線を画すことになるのである。

むしろ、このような真理観の方向は、彼のプラグマティズムにおける、セラーズの「所与の神話」批判の活用であると考えることもできる。なぜなら、仮に誰かが、信念の真理性には道具的な価値しかない、という道具主義的な真理観をとった場合、この道具的な価値の内実が問題になる。そして、この価値が非常に粗っぽく「行為における便利さ、快楽」と同一視されるならば、この真理観は、「快」という端的な所与がある、という認識論を採用していることになる。

ところが、セラーズの批判を見れば、快という性質がけっして単純ではないことが分かる。ブランダムの以上のような代用文の使用に伴う表現行為としての真理という分析は、こうした素朴な道具主義を批判して、快という性質そのものが語用論的視点から見直される必要がある、ということを別の角度から訴えたものと理解することもできるだろう。

†ヘーゲル的プラグマティズム

さらに、ブランダムは第二点として、こうした真理観がヘーゲル的なプラグマティズムという特色をもっている、ともいう。その理由は、言語使用を支配する規範や基準が、あらかじめ定められた論理形式に従うのではなく、社会的実践のなかでの「実質的」規則に依存するという、先の議論にある。われわれの発話や言表の客観性や真理性を支えているのは、アプリオリな形式的原理であるよりも、複数の間の人間、「私と汝関係の下での実践」である。真理が社会的実践から生まれるというのは、カントの超越論主義を批判したヘーゲルの根本的着眼点である。それゆえ、形式的原理を実践的規範の明示化と見るブランダムの真理論は、ヘーゲル的な真理論であるというわけである。

ヘーゲルの哲学が弁証法的な哲学であることはよく知られている。ヘーゲルにとっては、人間精神が活用する概念（カテゴリー）そのものが、カントの考えたような永遠的・無時間的なものではなく、精神の経験に応じて弁証法的に発展する歴史的なものである。そして、精神の経験とは、超越論的な統覚としての我の作用であるよりも、無自覚的我の確信から「われわれ」という存在の自覚へと至る行程である。カントは現象界と区別される叡知界（ヌーメノンの世界）を想定して、われわれの人格の共同体はこの超越的世界に所属すると考えた。ヘーゲルは後にデューイが着目したように、道徳や法などはヌーメナルな超越界にあるのではなく、社会的実践のなかにあると主張した。その意味で、信念の真理性を確保するために社会的実践が必要であるというブランダムの発想は、たしかに多分にヘーゲル的な要素を含んでいるともいえるだろう。

ただし、これが本当の意味でのヘーゲル主義の復活であるのかどうかは、それほど簡単に決着にいたる問題ではない。この立場はたしかにセラーズ的な意味での「合理主義」ではある。しかし、その理性の立場が、まさしくヘーゲルのいう意味での、絶対精神へと自発自展する理性の論理であるのかどうかは、かなり評価の分かれるところであろう。むしろ、ブランダム自身の了解はどうであれ、この種の規範性の重視や、合理的対話の重要性への着目は、ローティ的な相対主義的色彩の濃いネオ・プラグマティズムから、探究の共同体における科学的方法の重視を唱えた、パース的プラグマティズムへの方向転換と見るほうが有意義であろう。

ブランダムの合理主義的プラグマティズムは、現代哲学の大きな流れから見る限り、パース型の方法論的プラグマティズムへの転換の一例なのであり、現代のニュー・プラグマティズムの運動も、こうした模索の一つとして生まれたといってもよい。ローティはパースが採用した収束的真理観、科学主義、思弁的形而上学などをすべて廃棄するべきだと論じた。しかし、現代のプラグマティズムはこの主張に全面的には同意しない。それではしかし、現代のプラグマティズムはパースのこうした思想的指向を、改めてどこまで容認する用意があるのか。この点がまさに問われるべきであろう。

ミサックは「新しいプラグマティズム」の立場が、「人間的探究がもっているはずの客観的な次元を正当に評価できるようなポジションを明確にしたい、という意図」をもっていると語っていた。はたしてこのような意図は、パースの哲学思想とからめて、どのような形で実現できるのだろうか。

2　マクベスとティエルスラン

†パース再評価の潮流

二〇一四年はパースの没後一〇〇年にあたる年であった。また、パースより三歳年下のジェイムズは、一九一〇年に没している。二〇一〇年代に生きる現在の私たちは、したがって、ちょうど古典的プラグマティストの没後一世紀の世界に生きていることになる。現代のプラグマティズムは、まさにこの思想の源流から一世紀後のあるべき姿を模索しているのである。

ところで、一昨年はパース没後一〇〇年を記念する行事が、アメリカのパース協会をはじめとするいくつかの学会で行われたが、実はこの記念事業に先立つこと二五年の一九八九年にも、「パース生誕一五〇年記念国際集会」というものがアメリカで開かれていた。

これはローティが『プラグマティズムの諸帰結』において、パースの意義はプラグマティズムという名称を考案したことにあるだけだと主張した頃から、一〇年近く後にあたる。

この国際集会は、プラグマティズムの古巣であるハーヴァード大学の、数学と哲学の研究棟、大学の中心的講堂であるメモリアルホールなどを主会場にして、一週間近くかけて開かれた。これは数百の個人発表を含むきわめて大規模な国際集会であり、おそらくパースについての国際的な哲学集会としては、初めての催しであった。

ローティがパースの意義を最小にとどめようと提唱した時代から、今日まで三五年くらいが過ぎているが、この間にこの哲学に対する評価については、大きな変化がおきてきた。そして、この思想の歴史を多少とも単純化していうと、この変化の最初のきざしが二五年前の国際集会で明らかになり、その帰結ともいうべきものが、今日のプラグマティズム理解の傾向であるということもできるのである。

ここで、この二五年前の国際集会でのパースの評価について少しだけ触れておくと、この大規模な国際的集まりからは、非常に多数の論文集が生み出されたが、それらの成果から窺われる当時のパース評価は、以下のような特徴をもっていた。

①ヨーロッパ系の哲学者たちによるパース評価の高まり
②アメリカにおけるパース論理学の評価
③数学の哲学への新たな関心

以下、順に見ていこう。

†ヨーロッパ系の哲学者たちによるパース評価の高まり

まず、一九八九年のこの集会にはアメリカ系の哲学者のみならず、ヨーロッパ系の代表的な哲学者からの多くの基調講演も含まれており、その代表としてトマス・シビオク、ウンベルト・エーコ、ユルゲン・ハーバーマス、カール・オットー・アーペル、ヤーコ・ヒンティカからの名前を挙げることができる。こうした人々がそれぞれの思想的源流としてのパースについて熱っぽく論じたことは、それまでアメリカ哲学内部の思想家とされてきたパースが、「ヨーロッパ系の現代哲学にとっても元祖の一人といえる」という評価が定着したことを示している。

もちろん、パースがフェルディナン・ド・ソシュールと並ぶ「記号論」の創始者であることは、二〇世紀後半のヨーロッパ哲学の主流であった構造主義やポスト構造主義において、記号、意味、言語の哲学への大きな関心が広がると同時に、すでに十分に認識されていたことである。たとえば、デリダの代表作の一つ『グラマトロジーについて』には、独自のパース解釈が展開されていた。しかし、こうした記号論的問題意識がソシュール系統のフランス思想を超えて、普遍的・超越論的プラグマティークなどの観点などを採用するハーバーマス、アーペルらの哲学にまで及んだ結果、パースの言語哲学が英米圏と大陸哲学の両方にまたがる関心の焦点となっていることを、この集会ははっきりと示した。

すでに見たように、ローティは分析哲学とヨーロッパ哲学の不毛な二分法を強く批判して、デリダやフーコーの思想のプラグマティズム的性格に強い関心を示していた。しかし、彼自身は二〇世紀の哲学のヒーローを、デューイ、ウィトゲンシュタイン、ハイデガーという三人の思想家のうちに見て、そのなかでもとりわけデューイの思想的優位を強調するという立場を掲げていた。ところが、この集会に参加したヨーロッパの哲学者たちの「言語哲学的転換」のイメージは、ローティの解釈とは必ずしも重なるものではないことが明らかになった。

†アメリカにおけるパース論理学の評価

一方、ヨーロッパ系のパース評価と対比すると、アメリカ内部でのパース評価には奇妙なことに、ローティの消極的な判定とも呼応するような、ある種の否定的なトーンが伴っていたともいえる。その代表が、会場となったハーヴァード大学哲学科の象徴的代表であり、前章で見たネオ・プラグマティズムの偉大な領袖ともいうべき、クワインによるパースの論理学の評価である。

クワインはこの集会で、自分が若い時期に行っていた、フレーゲ＝ラッセル由来の論理学像からするパース評価を取り上げて、それに対する修正意見・批判的意見の必要を検討した。クワインのかつてのパース評価というのは、ポール・ワイスとチャールズ・ハーツホーンの編集になる『パース著作集』全六巻のうちの論理学の巻についての書評（一九三五）のことである。ワイスとハーツホーンは、クワインにとっても同じく師にあたるC・I・ルイスとアルフレッド・ノース・ホワイトヘッドの弟子であり、当時ハーヴァード大学哲学科の助手であった彼らは、（ラッセルのイギリスを離れてアメリカに移った）ホワイトヘッドの勧めで、パースの著作集をその刊行済みの論文と未刊行の原稿とを総合して、パースの体系的な思想の全貌を公にしようと努力した。

その約五〇年以上後にあたるこの集会では、著作集編集者の一人であるハーツホーン自身が一〇三歳で、アメリカの現役哲学者最長老として登壇し、パースとホワイトヘッドの形而上学の比較検討を行った。そして、彼よりも一〇歳以上若いクワイン——それでも九〇歳に近づいてはいた——は、かつての書評での自分の分析について、その一部の修正する必要を認めたが、しかし基本的理解は誤っていなかったと述べた。

クワインの当初の評価によれば、一九世紀後半にパースの創始した形式論理学は、「存在グラフ」という名前の幾何学的手法に従った記号法などを採用していて、非常に複雑すぎるものであり、したがって論理学としてあまり有用ではない、というものであった。また、こうした複雑な方法を別にしても、フレーゲと同様の標準的な記号論理学ではたしかに、量化子の導入などに関していくつかの鋭い工夫は見られた。しかし、フレーゲ゠ラッセル由来の論理学にとってもっとも重要な概念というべき、「命題関数」概念の把握が不十分で、そのためにこの形式を用いた論理演算は、実質的にはラッセルよりずっと旧式のイギリスのジョージ・ブールによる代数的な集合算の段階から、それほど進歩したものとはいえない、というものであった。クワインはこの国際集会で、自分のかつての評価に関して、改めて変更を加える理由はないと確認したのである。

ところが、この講演については、より若い世代から、クワインの論理学史理解の一面性への批判が提出された。彼らによれば、一九世紀から二〇世紀にかけての論理学の多元的な発展の経路がもっと強く意識されるべきであり、そのなかでパースの果たした役割について冷静な評価が必要であろうとされたのである。(16) これらの応酬については、この集会から生まれたいくつかの論集を参照できるだろう。

†数学の哲学への新たな関心

他方、クワインとより若い世代の人々のある種の意見の相違は、この国際集会の主たるオーガナイザーであるケネス・ケトナーとヒラリー・パトナムによっても表明されていた。その意味で、この集会は、ハーヴァード大学を舞台とした、新旧の哲学者の発想の交替を象徴していたと見ることができる。ローティがこの点でクワインの立場に近かったとすれば、それはネオ・プラグマティズムをクワインやクーンの延長上に構想したローティにとっては、きわめて自然なことであった。しかし、クワインからローティ、パトナムへと受け継がれたネオ・プラグマティズムの運動は、その主役がまさにパトナムへと移されたことで、ローティとは別の方向を目指すべきことを掲げるようになったのである。

パトナムらはこの集会で、パースが一八九八年に、ハーヴァード大学の周辺で行った「推論と事物の論理」という表題の連続講演の重要性について人々の注意を促した。彼らはこの連続講演を一冊の著作集としてハーヴァード大学出版局から近々公刊の予定であることを発表した。そして彼らは、パースがフレーゲと異なった論理観をもっていたことは、クワインがいうように欠点というよりも、むしろこれからの数学の哲学にとって決定的に有意義な洞察を提供する可能性をもつ、とした。

彼らはパースの唱えた「連続主義」という名前の特異な形而上学的立場と、そこから帰結するさまざまな知識論、認識論の洞察を重視する必要があると主張したが、その主張の内実は、この集会後に出版された『推論と事物の論理』につけられた大部の解説において示されることになった（筆者自身が編集・翻訳して『連続性の哲学』〔岩波文庫、二〇〇一〕として刊行した論文集が、この講演である）[17]。

†新たな論文集の刊行

さて、以上が少々より道という形でざっと見た、二五年前のパース評価の様子であるが、われわれがこの小さなエピソードから学ぶべきこととして、次の点があるように思われる。すなわち、ローティ流のネオ・プラグマティズムに対するプラグマティズム内部からの批判的継承や対決としては、すでに見たように、まずパトナム自身のプラグマティズム解釈の提示があり、さらには、マクダウェルやブランダムなど、ローティの身内ともいうべき人々からの言語哲学を基盤とした批判があった。しかし、それとは別に、右のようなパトナムらの努力で注目されるようになった、パースの数学思想への関心が、より広い文脈で真理の客観性という基本的問題をめぐる議論として、もう一度取り上げられるようになったということである。

こうしたパースの論理思想・数学思想への関心の高まりは、この二〇年ほどの間に、（先に挙げたハーツホーンらの一九三〇年代の著作集に代わるものとして）綿密な校訂にもとづく非常に大掛かりな年代順のパース著作集の出版が始まったこと、そして、この著作集の編集過程の副産物として、『パース主要論文集』全二巻という非常にしっかりとした論文集が刊行されたことに大きく負っている。これらは、幅広い読者層にとって、もう一度現代の視点から彼の哲学にアプローチする手段を提供するという面で、大きな意味をもつ出来事であった。

しかも、これらの出版に続いて、彼の数学論文数十篇を収めた論文集が出版され、彼の数学の哲学の分野に関係する文献の読解が容易になったことは、「現代哲学の先駆者としてのパース」というイメージを改めて掻き立てる機会となった。この論文集には、幾何学における連続性、無限小、カントールの連続性仮説など、さまざまなテーマが扱われており、この論文集で初めて公刊されたテキストも含まれている（正確にいえばパースの数学論文集も、先の著作集と同様に、非常に大部な全集がすでに出版されているのであるが、それは限られた読者にしかアプローチできないものであった）。この論文集の刊行によって、二五年前のパトナムらによって先鞭をつけられた彼の数学思想の独創性への関心が、広範囲に展開されるようになったといってもよいであろう。

†パースの数学・論理学の理解

ここでは最近の研究におけるこの分野でのパースへの問題関心として、以下のような二つのトピックがあることを指摘しておきたい。

①専門的な数学者としてのパースの具体的な業績を、一九世紀後半以来の数学の歴史のなかにどのように位置づけるかという課題——これに関しては特に、(1)パースの考案した特異なトポロジーの意義を、一九世紀の数学史と照らし合わせて評価する、(2)彼の無限小の理論をゲオルク・カントール、リヒャルト・デデキント、P・デュボア＝レイモンらの無限小概念と比較検討する。(3)彼の幾何学的連続性の視点を、アブラハム・ロビンソンの超準解析との比較から見たパトナムの解釈を超えて、より現代的な「圏論(category theory)」との類似性の指摘へと進む解釈、などがきわめて専門的な議論にからむテーマとして、近年興味深い成果を生んでいる。

②パースの数学論を、プラグマティズムにおける真理論というテーマと、どのように結びつけるのか、という課題——すでに本書の最初のほうで見たように、論理学の歴史の大きなパースペクティヴでいえば、彼が一九世紀後半に量化子を含む形式論理学を体系化し

たことは、非常に画期的な出来事であった。この成果によって、彼はほぼ同時期のフレーゲとなんで、永年のアリストテレスに依拠した論理学の理解を打破し、現代論理学の始祖となったわけである。このことは疑いのない事実である。

しかしながら、先に触れたクワインのパース評価にも見られるように、彼の論理学上の成果とフレーゲ＝ラッセル型の論理学の思想とを等値することには、いくつかの留保が必要であることが、近年ますます意識されるようになってきた。その大きな問題の一つは、（たとえば論理実証主義の説明などにおいて）これまで本書でフレーゲとラッセルの「論理主義」と呼んできた考えに、パースはもともと基本的には与していなかった、という問題である。ラッセルなどの論理主義は、数学的命題や真理がすべて論理学の概念と真理とを用いて書き換えられること、つまり、数学は論理に還元されると述べている。

ところが厳密にいえばパースは、数学と論理学との関係をこのようなものとはまったく理解していなかった。彼の理解では、形式的な思考の精髄は、あくまでも数学的思考や真理のほうにあり、論理学や形而上学はもっとも形式的に純粋である数学から派生した、ある限定された分野に関する適用例ということになる。彼の見方では、数学こそが、論理的な可能性という通常の概念を超えて、あらゆる意味での可能性をもっとも一般的な観点から扱う、真の可能性の学である。

†数学論から見る真理の客観性

パースはこのようなもっとも広い意味での可能性の学問としての理解から、「数学とは事物の仮説的状態に関する研究である」と考えた。つまり、あらゆる対象の領域に関して適用可能な、仮説―帰結関係一般の研究であるとした。彼はしかしこの理解によって、数学的推論のもつ確実性、普遍性、必然性を放棄していたわけではない。つまり、数学的推論に内在する仮説で、推論的で、しかも「観察的要素」を掬い上げつつ、その形式的必然性を容認するというのである。

このような独特の主張には、当然のことながら、何らかの認識論的説明を必要とすることになるであろう。そこで、彼の「探究の論理」や「記号論的認識論」との交点において、数学的命題の真理や推論の妥当性はどのように説明されるのか、ということが一つの新しいトピックとして浮かび上がっている。しかし、問題は認識論のテーマに限られるわけではない。パースの採用している数学観は、前世紀以来の数学の存在論に関するさまざまな哲学的立場との関係において、いかに位置づけられるのか、という存在論的問題を提起させる。

二〇世紀に盛んに議論されるようになった、数学の哲学の分野における中心的なテーマの一つは、いわゆる「実在論vs唯名論」の対立である。パースはこの主題については、数学の分野のみならず、多数の領域に関して非常に豊富な議論を展開している。問題は実在論と唯名論という、ある意味では使い古されたスコラ的な議論にとどまるわけではない。むしろ彼の数学論への関心の重点は、このテーマにからめて彼の数学論を論じることで、プラグマティズムと真理の客観性という問題に、新たな光が当てられるという点にある。

そこで、本書のこれまでの部分でトレースしてきた「プラグマティズムと真理の客観性」というテーマにもっとも密着した問題として、ここでは特にこの存在論的主題に話題を絞って、最近の議論を見てみることにしたい。この数学的真理をめぐる実在論・非実在論の論争と、パースの観点からするその解釈はどう関係するのか。このことを理解するためには、われわれは前世紀の七〇年代にポール・ベナセラフによって提出された、いわゆる数学的真理に関する「プラトニズムのディレンマ」というものを取り上げる必要がある。

†数学の哲学における「プラトニズム」

さて、プラトニズムという言葉は、本書のこれまでの議論では、デューイの哲学史論の文脈で登場している。この名称は何であれプラトンの思想と強いつながりのある哲学的発想を指すのであるから、数学の哲学における専有物ではない。そしてデューイの『哲学の改造』(一九二〇)を見るまでもなく、一九世紀以来、ニーチェ、ハイデガー、デリダなど、ヨーロッパ系の思想において、プラトニズムはある種の悪しき意味での形而上学的な思想の偏向を指す言葉として使われてきたことは、広く知られている通りである。しかし、数学の哲学におけるプラトニズムという名称は、もう少し限定された意味で用いられている。

実はこの言葉が最初に使われたのは、ベナセラフよりさらに前の時代のことで、パウル・ベルナイスというドイツの論理学者・数理哲学者(一八八八年生まれであるから、ハイデガー、ウィトゲンシュタインよりも少し年長)によって一九三五年前後に初めて使われたのである。彼はベルリンでエルンスト・カッシーラー、マックス・プランクらに学び、ゲッティンゲンでダフィット・ヒルベルト、ヘルマン・ワイル、フェリックス・クライン、マックス・ボルンらに学び、後にヒルベルトの助手となるとともに、ゲルハルト・ゲンツェンらの師となった。ベルナイスこそ、二〇世紀前半のヨーロッパの数学の哲学の中心的人物ともいうべき存在である。

ベルナイスはナチスを逃れて一九三四年にスイスのジュネーブに移住したが、そこで行われた「数学的論理」という国際的な講演シリーズの一つで、彼はこの言葉を使った。この講演シリーズのテーマは「数学の基礎の新たな危機」であり、この危機はアレン・ハイティング、アンドレイ・コルモゴロフ、ヤン・ブラウアー、ヒルベルト、ワイル、ゲーデルらが抱いていた問題意識、すなわち、直観主義や有限主義の可能性、あるいは形式体系の不完全性をめぐる新たな探究の必要性という意識である。

ベルナイスはこの講演で、プラトニズムには穏健なタイプと強いタイプの二種類があるとしているが、細かい差異は別にして、これらはいずれも数学的対象の集合の全体をどう把握するのか、という問題に関わっている。われわれはたとえば、自然数の全体という集合を思い浮かべることができるが、この「全体」は、われわれの思惟作用とは独立に、それ自体として存在すると考えてよいのであろうか。ベルナイスがいうプラトニズムは、ある数学的対象の集合が作る全体というものに関して、それがその全体を思考する認識主体とはまったく独立に、明快に理解できると解釈する立場のことである。つまり、何らかの数学的対象の全体が、それを把握する認識者とは独立に自存するという考えを、彼はプラトニズムと呼んだのである。

†プラトニズムのディレンマ

ここでプラトニズムの可能性を論じるベルナイス自身の問題意識が、認識主体とその対象、という文脈で議論されていることに注意しておこう。これは彼とその周囲の哲学者たちが、基本的に新カント派や現象学という、これまでわれわれが見てきたアメリカ流のプラグマティズムとは異質の哲学思想から出発していることを意味している。しかし、この問題意識は、当時の「新たな危機」という問題意識を超えて、数学の哲学の領域で生き続けてきた。そのことを改めてはっきりとさせ、新カント派ではなく、分析哲学の支柱ともいうべき経験主義的認識論を基礎にして、もう一度プラトニズムの問題を問い直したのが、アメリカのポール・ベナセラフである。

ベナセラフはパトナムとともに編集した『数学の哲学』によって、二〇世紀の数学の哲学の基本的文献を広く知らしめたことで有名である。彼はこの代表的論文集の第二版に自分の一九七三年の論文「数学的真理」を一篇として収録したが、この論文こそがその後の数学の哲学における一つの大きな流れを決定したといってよい(18)。

ここでベナセラフのいうプラトニズムのディレンマとは、次のように示されている。彼が問いとして掲げたのは、簡単にいうと、「数学的対象の独立自存を主張するプラトニズムに則って、数学的対象という抽象的存在の実在性を主張するならば、われわれはその対象の認識に関する直接知、直観的把握を認めることになる。ところが、それは普通の意味での経験主義的な認識論を認めないということである。そうであるとすれば、数学に関する真理は本当は存在しないのではないのか」、という問いである。

この問いをもう少し丁寧にいうと、こうなる。

①数学的対象は一般に、個々の言語や時空的特性、あるいは人間の精神から独立した、抽象的存在である。

②他方、われわれの知識とは一般に、認識されている対象との因果的コンタクトにもとづいて正当化された認識である、と普通に理解されている。したがって、抽象的対象である数学的対象は、通常の意味での知識の対象とは見なしえない。

③それゆえ、数学的対象に関する認識は、普通の意味での真理とはなりえない。

たとえば、「アメリカにはニューヨークよりも古い大都市が少なくとも三つ存在する」という文と、「17よりも大きな完全数が少なくとも三つ存在する」という文を考えてみる。前者は、具体的な対象であるニューヨークに「より古い」という経験的性質を結びつけた文である。後者は、抽象的な対象である17に「より大きい」という（おそらくは）経験的（であろう）性質を結びつけた文である（完全数とは、それ自身を除いた約数の和が、それ自身と等しくなる数、たとえば6や28のような自然数である）。

これらは、どちらも文としてはそっくりな形をしている。しかし、前者は経験主義的な認識論で十分処理できるが、後者はそうではない。したがって、自然数やその部分集合は、たとえ存在するとしても、その真理を主張するために、何らかの特殊な認識を必要としているのか、それともそれらはそもそも真理ではありえないかの、いずれかだということになるだろう。

形式的事物や抽象的対象の承認と、経験主義的な認識論との共存はいかにして可能なのか。パースの数学論に関心が集まるのは、彼の理論がまさにその特異な数学観からして、この間の数学的対象に関する真理をめぐる論争のなかで、あまり考慮されなかった議論の可能性を示しているように思われるからである。

†ティエルスランの解釈

二〇世紀後半から今日までの数学の哲学において、ベナセラフのいうプラトニズムのディレンマの問題を扱った思想家は少なくない。もっともよく知られた対応はクワインのそれであるが、この立場では数学的対象の実在性は、それを欠いては科学の現実への応用が不可能になるという、プラクティカルな要請にのみもとづいて認められる。また、クワインとは対照的に、数学的対象認識における直観的把握を認めても何ら問題ないとする、マディらの答えも広く知られている。これらはそれぞれ、ほとんど唯名論ともいうべき実在論と、逆に非常に強固な実在論、という二つの例であるが、ここではこれらの議論は脇においておくことにして、右のようなこの方向でのパースの理論の重要性を指摘している論考を紹介しておこう。それは、クロディーヌ・ティエルスランとダニエル・マクベスという二人の女性哲学者の解釈である。(19)

さて、先に見たベナセラフのいうプラトニズムのディレンマの三段論法を見ると、その結論を回避して、数学的対象に関する真理の可能性を確保するためには、二つの方向がありうることが分かる。その一つは、数学的対象がある種の抽象的なものであるとしても、経験的な知覚の次元と結びつきうるとする立場、つまり、①から②への推理を否定する立場を採用する方向である。また、もう一つは、対象についての経験的・因果的結びつきを拒否しても、その真理の可能性を認めるべきだとする立場、つまり、②から③への推理を否定する立場の方向である。ティエルスランは、パースの数学の思想が前者の方向であると解釈し、マクベスは、パースが後者の方向を採用していると解釈するのである。

まずティエルスランであるが、彼女はソルボンヌを卒業後、カリフォルニア大学バークリー校で学位を取得したフランス人哲学者で、現在コレージュ・ド・フランスの形而上学のチェアを占めている。このことは、これまでプラグマティズムに比較的冷淡であった現代のフランス哲学のシーンにおいても、形而上学者としてのパース評が高まっていることを象徴する事柄であろう。それはまた、一九七〇年代以降のヨーロッパ哲学者たちのパース評価の帰結ともいうべき出来事であるといってもよいだろう。

彼女のパース解釈によれば、パースの立場はほとんど唯名論に等しいクワインの立場と、数学的認識の直観的把握を認める（たとえばゲーデルのような）プラトニズムの中間に位置するような、より洗練されたものである。彼女の理解によれば、パースは数学的対象を端的な抽象的自存的存在ではなく、仮説的で推論的、帰結的で拡張的な対象であると考えた。数学的対象についてのこの理解は、反デカルト主義に立って、認識の直接性、非媒介性、内観性を否定する彼の立場からして、当然のことであり、したがってパースは数学的対象に関して、強い意味でのプラトン主義、つまり「対象が認識主体から完全に超越した領域で独立に存在する」という立場は、はじめから拒否せざるをえないのである。

しかしながら、この強いプラトニズムを拒否したとしても、数学的対象の仮説性を強調する理論は、数学的対象の実在性を放棄するわけではない。というのも、それは別の角度から、対象の一般性と経験的実在性を確保できるからである。その理由は、数学的対象＝仮説的な対象の把握という認識的事態を可能にするような、仮説形成的推論の役割の重視ということにある。

†仮説形成的推論とは何か

仮説形成的推論（アブダクション）とはわれわれが普通にはなかなか理解できない、不可思議な事象を前にして、その合理的な説明をもたらそうとする、一種の推測的な推論であり、演繹的推論（デダクション）とも帰納的推論（インダクション）とも異なった、独自の推論形式をもっている。

演繹とは、真理を保存した形で前提に含まれた内容を分析的に析出する推論である。帰納とは、有限なデータを基にしてより一般的な命題を形成する推論である。これに対して仮説形成は、不可思議な現象に関する合理的な説明を可能にするために、何らかの仮説を提言する推論である。それは、「これまでの経験や一般の常識では説明しにくい、不可思議な事象Cが目の前にある。しかし、もしもHが生じているのであれば、HからはCが演繹できる。したがって、HであればCの成立は不思議ではなくなる。それゆえ、ひょっとすればHではないのか」、という推測の形式である。

この推論に出てくるHは一つの仮説であるが、Cを導くことができるような前提であるから、一つの一般者ないし普遍者である。それゆえ、数学的対象が仮説であるとすれば、それはまさに普遍者であり一般者である。といっても、それは経験的な対象と断絶した存在者という意味での、抽象的存在ではない。なぜなら、仮説形成という推論には、不可思議な現象のなかに合理的な説明を見てとるという意味での、「知覚」が関与しているからである。仮説を見出すことは、デカルト的直観ではない。しかし、それは反対に、純粋に受動的な感覚経験でもなければ、端的な因果的相互作用でもない。それは示唆的な認識であり、能動的と受動的の中間に位置した認識であり、経験内在的かつ経験超越的な認識である。

パースは直観と感覚の中間に位置するこの微妙な認識の様相を、記号論の言葉を使って、「イコン的な表象」と呼んだ。演繹において前提から帰結を分析的に割り出す作業は、記号に含まれた概念内容を分析的に解析する作業と対比される。そのような作業を許容する記号は、意味内容の確定したシンボルである。これに対して、ある不可解な事象に関して、了解可能な概念を読み込むことで、その形態を浮き彫りにする仮説形成的作業は、その事象をイコンと見て、そこに何らかの示唆的意味を読み取る作業である。

イコン的な表象は示唆的な意味を対象としてもつ限りで、経験的な現実や客観的世界との結びつきを確保している。それは仮説的であるとしても、外界との関係を捨象した抽象的対象では決してない。しかも、このイコンの内なる形象を把握する働きは、まさに対象のうちに何かの形を見つけるという、図像的な思惟の働きであるという意味で、幾何学的な推論をその本性としている。つまり、仮説形成的推論としての数学的推論は、その対象に関して準経験的な次元をもつとともに、その認識のスタイルとして図像的な思考を本質としている。

クワインはパースの論理学が図像的な方向に偏りすぎていることを批判していたが、ティエルスランの解釈に従えば、それは彼が仮説形成的推論の対象としての数学的概念という発想をとりえなかったからである。パースにとっては、数学が論理学に先行する。これは、シンボルとしての記号に純化され形式化された論理学の体系が、シンボルに本質的に関与しているということであり、しかもシンボルはけっしてイコンやインデックス的性格を完全には捨象できないということである。パースの考えでは、シンボルの次元だけで推論する論理学は、記号の複合的な次元を抽象化したものだけを扱うという意味で、数学的推論に対して派生的、二次的であるということになる。

以上の解釈をまとめると、数学的対象の知覚という認識には、仮説形成的な要素が本質的に関与している。したがって、それは直接知という意味での直観ではなく、より推論的で、仮説形成的・拡張的な知覚である。とはいえ、それはアプリオリな認識ではなく知覚経験の一種である。したがって、経験的な認識という本性を欠いているわけではない。パースの立場は「数学的対象の認識」をこのように性格づけるゆえに、ベナセラフのいうプラトニズムのディレンマから逃れられるのである。

†マクベスの解釈

他方、ティエルスランとは別の議論によって、ディレンマから逃れようとするマクベスの思想はこうである（彼女はカナダの大学出身であるが、ピッツバーグ大学で学位を取得しており、前に見たマクダウェルやブランダムを代表とするピッツバーグ学派に属する哲学者と見なすこともできる。現在ペンシルベニア州のハーヴァーフォード・カレッジの教授であり、代表作に『フレーゲの論理学』がある）。

ティエルスランのところで確認したように、パースの認識論では、数学的認識であれ感覚的知覚であれ、いかなる認識作用も基本的に記号的であり、非直観的であるから、数学的対象に関しても直観的なアクセスというものをストレートに認めることはできない。したがって、パースの立場では、数学的対象である数や幾何学的図形は当然のことながら、それ自体として独立自存するプラトン的対象ではありえない。しかし、そうであるとしても、それらが抽象的で、普遍的存在であるということは、別の意味で承認できる。その理由は、まず数学的対象ないし数学的概念の「意味」ということを、もう一度パースの意味の理論に戻って考えること、さらに、そうした概念の由来を経験や知識の歴史的発展の次元から見るような、歴史的観点に立って考えることで与えられる。

まず本書の最初のほうに出てきた「プラグマティックな格率」で示されていたように、概念の意味は一般に、外界の対象でもなければ、内観に与えられる直観的対象でもない。それは実験的な状況下において想定される、仮定と帰結の関係を意味しており、いいかえれば、推移的、推論的、条件法的な性格のものであった。

しかし、パースのこの思想に関してしばしば見過ごされているのは、概念の意味の非因果的、推移的、帰結的、条件法的性格が特に当てはまるのは、実は普通の意味での経験的概念一般であるというよりも、むしろ数学的概念や論理的概念のほうについてであるという、非常にユニークな事実である。

たしかにパース自身が意味の格率の説明のために用いた例は、「ダイアモンドの硬さ」についての命題などであり、そこから彼の概念の意味に関する分析が、外的世界における経験的性質の認識を典型とするという理解は自然に導かれる。しかしながら、彼の意味の格率の最初の定式化は、『月刊ポピュラー・サイエンス』における科学の論理の解明に先立って、専門的な哲学雑誌に掲載された、イギリスの哲学者ジョージ・バークリーの批判的検討において展開されている。

そこでは普通の意味での経験的概念よりもむしろ、数学的概念の意味分析が重要な問題であり、この点を理解したバークリーの思想のもつ大きな意義と、その分析の問題点とが指摘されていた（バークリーはイギリス経験論の哲学者で、世界は物質ではなく観念からできているという、観念論の主張で有名であるが、数学の哲学の分野における活躍も重要である。彼は無限小概念に対する鋭い批判によって、当時の力学が前提にするニュートン的な物質概念を否定できると考えたのである）。

†新たな可能性へと開かれた数学的真理

パースはこのバークリー論のなかで、2の平方根や虚数など、それ自体としては経験的なイメージや感覚的知覚に対応していない概念が、それにもかかわらず有意味な概念である理由は何かを問題にした。これらは一見して奇妙な概念であるが、数学的対象についての分析においては、この種の複雑な数を考える前に、単純にマイナスの量を示す数字を考えてもよい。マイナスの量は経験において直接には与えられてはいない。しかし、それは明らかに、さまざまな計算や表示を可能にするきわめて有効かつ生産的な概念である。したがって、これらの概念はその意味に関して、帰結的、推論的に理解されるべきであると思われる。この場合の帰結的意味とは、それらがいかなる計算的実践や証明的実践、作図的実践のなかで意味のある働きをもつかということである。

マクベスによれば、パースのみならずフレーゲにおいても実は、一般に論理主義の哲学として理解されている彼のプラトニズムには、けっして単純な直観的認識には収まらない、帰結主義的、条件法的意味の理論が含まれているとされる。しかし、それはともかくとして、彼らにおいて数学や論理学のいわゆるアプリオリな概念とされるものにこそ、条件法的な意味内容の典型が見られるという考えは、これまでの多くのプラグマティズムの真理論における、相対主義や非実在論的傾向に対して、非常に鮮やかな反論の可能性をもたらす効果をもつのである。

もう一度ジェイムズ、クワイン、ローティという順番に、より強い非実在論的論調を生み出すことになった、認識の全体論的性格という発想を思い出してみよう。ジェイムズによれば、われわれの認識は「談話の宇宙」という全体論的システムを形成しており、そこには焦点も周辺もあるが、すべての信念や真理はこの領野の不確定的な発展に応じて、その真理値を変えうると考えられた。同様にクワインにおいては、これまでアプリオリない し分析的とされた数学などの真理は、信念の蜘蛛の巣の中心部分に位置するという意味で頑健であり、この外側の縁にある信念が経験にさらされた非常に可変的な部分であるとされた。そして、ローティでは信念の全体が、自文化の保持する関心という条件に照らされて、意味をもつことやもたないこと、いいかえると真理の候補となりうるかどうかが決定されるとされた。

ところが、マクベスのパース論は、認識の全体論的イメージに関して、これらの理解とは完全に正反対の、新しい図式を提示する。彼女の見るところ、パースの信念の蜘蛛の巣では、もっとも外側にあってつねに改訂のリスクにさらされているのは、実はクワインではもっとも中心とされた、論理や数学の命題であり、反対にもっとも内側にあって、より頑健な真理要求をもちうるのは、普通の日常的経験における感覚的認識の命題や信念である。パースの数学論では、数学的真理はアプリオリでも分析的でもなく、永遠真理でもない。それはつねに新たな概念構成の可能性へと開かれており、その結果として、つねに新たな真理の発見に開かれている。それは認識の全体的な領野の中心ではなく、外の縁のほうに位置しているのである。

†数学的信念の究極の基盤

しかし、それではなぜ、単純な感覚的経験のほうが頑健で、数学的真理のほうがより可変的であるのだろうか。それは、後者が前者を基盤とした認識の歴史的発展の成果としてあるからである。われわれの通常の日常的信念は、ほとんど動物のもつ信念とも区別されないような、身体の生理的条件に制約された信念であり、本来もっとも堅固なコアを作っている。

ところが、われわれはこの動物的信念に対して、いろいろな精神的介入を行うことで、世界をより大きく俯瞰するような、鳥瞰図的な認識や表象をもつことができる。しかも、われわれはそこだけにとどまらない。われわれはさらに、この鳥瞰図的な表象を徹底的に抽象化することで、デカルト座標やトポロジー的表現へと進むことができる。これが数学的信念の世界であり、そこへと至るこの過程は歴史的進化の過程であり、その究極の基盤となるのが感覚的・日常的な経験である。

パースが強調したように、信念のもっとも深いルーツは動物的本能にある。しかし、その本能からの精神的進化の結果として、数学的抽象的思考が成長する。それゆえに、数学的真理の世界は世界との因果的相互作用を欠くからといって、それに関する実在論を放棄する必要がないのである。

マクベスの見るところ、ベナセラフのいうプラトニズムのディレンマは、われわれの数学的認識が、「直観か直接的外界との因果関係か」という誤った二分法にもとづいて提起されていた。数学的真理は直観による把握でもなければ、外界との直接的接触によるものでもない。それはブランダムも注目したように、歴史的な発展の過程のなかにある概念的成果であり、その意味はつねに改訂の可能性を孕んでいる。それはまた、因果的な結びつきを欠いているが、だからといって経験的基盤をもたない非・真理ではない。というのも、それは日常的・感覚的経験という基盤から歴史的に派生しているという意味で、外的経験世界との結びつきを保っているからである。

マクベスはまた、前世紀に盛んになったネオ・プラグマティズムの相対主義的傾向にも、この種の誤った二分法が使われていると考える。というのも、ローティたちの多元的真理論では、「直観か直接的外界との因果関係か」という二分法ではなく、「直接的外界との因果関係か世界観や価値観の関与か」という二分法が使われていたが、この場合にも直接的外界との因果関係なくしては実在論的な意味での真理はない、ということが暗黙に前提されていたからである。真理の実在性や客観性と外界との因果関係は別の問題である。マクベスによれば、すでにセラーズやブランダムも強調したこの発想を、パースの数学論によるディレンマの解決という方向から、さらにはっきりとした形で改めて確認できるというわけである。

3　ハークとミサック

†二人の女性哲学者

マクベスは、ベナセラフのプラトニズムのディレンマという問題提起や、ネオ・プラグマティストたちの客観的真理の不可能性の議論が誤った二分法を前提にしているとした。この二分法は、非常に簡単にいうと、「対象がわれわれから独立に存在する限り、われわれはそれに認識や言語を通じて接近できないはずだ」という誤った思い込みに拠っているわけであるが、この種の暗黙の前提に対する批判は、知識の合理性や正当化の問題の議論一般に見られる、アプリオリとアポステリオリ、原因と理由、外的関係と内的関係などの二分法にも適用できるであろう。

そこで、こうした発想から、認識論の可能性をもう一度はじめから考え直すべきではないかと主張したのが、師弟関係にある二人の女性哲学者、スーザン・ハークとシェリル・ミサックである。彼女らもまたマクベスらと同様に、こうした暗黙の了解への疑問視を行うために、知識をめぐるパースの思想に戻って検討しようとする。本章では最後に、彼女らの真理や正当化に関する発想に触れて、現代のプラグマティズムの瞥見をとりあえずしめくくることにしたい。[20]

まず、スーザン・ハークは、オックスフォードとケンブリッジ大学出身のイギリス系の哲学者であり、現在アメリカのマイアミ大学で哲学と法学の教授を兼任している。彼女は『複数の論理学の哲学』や『非正統的論理学』などの著作を通じて、二一世紀の今日、世界の哲学界で熱心に研究されつつある非古典的論理学の可能性について、非常に早くからその重要性を指摘してきた先駆的研究者として有名である。

彼女はまた、自分が女性哲学者としては古典的な意味での啓蒙主義的フェミニストであると宣言して、認識論とフェミニズムをめぐる論争にも一石を投じてきた。最近のラディカルなフェミニズム認識論の陣営には、知識をめぐる科学者のイメージや哲学的議論のもつ強いジェンダーバイアスをさまざまな形で強調する議論が展開されているが、彼女はこうした傾向に強い批判的立場を表明する思想家である。ハークは二〇〇五年のイギリスBBC放送によるアンケートをもとにした、『サンデー・インデペンデント』誌での「哲学の全歴史を通じてもっとも重要な女性哲学者一〇人」に選ばれたことでも知られている。

このようにかなり硬派の哲学者として知られる彼女の本領は、ポストモダニズム、ネオ・プラグマティズム、ラディカル・フェミニズム、マルチカルチュラリズムなどに共通する、相対主義——ハークの言葉では「新しい犬儒主義（ニュー・シニシズム）」——への理論的批判にある。その主著は、パースの「探究の論理」の復興を提唱した『証拠と探究』であるが、この本の初版（一九九三）は「認識論の再構築に向けて」という副題をもっていた。しかしその第二版拡大版（二〇〇九）では、「認識論のプラグマティズム的な再構築」という副題がつけられている。

†認識論におけるダブル・アスペクト説

ハークの議論の要点は次のようなものである。われわれのいわゆる認識論的研究の中心的主題とは、本来、さまざまな信念の裏打ちとして機能する「証拠」のよさや、その信頼性を分析することである。しかし、この主題と証拠のそろった信念を「真理」として認定するべきかどうかの問題とは、別種の哲学的課題であり、後者は認識論の問題というよりも方法論のテーマである。そして、前者の認識論の問題は基本的に、経験的証拠を基礎にした帰納的推理、法則的一般化の可能性を論じるが、クワインや彼に同調する人々は、この帰納法の正当化の問題などに関して、認識に関する全体論や「所与の神話」批判の議論をもとにして、哲学としての独立の主題であることを否定した。

彼らは知識についての哲学的分析は、もっぱら感覚を通じた刺激という入力から科学という出力へと至るプロセスの分析に特化されるべきであり、それは心理的過程の分析という意味で、心理学の研究領域であるとした。つまり哲学は自然科学の一分野になるべきだ、というわけであり、これが彼らの提唱した、「哲学の自然化」というアイデアである（ただし、クワインは心理学ということでバラス・スキナー流の行動主義的分析を念頭においていたが、より最近の哲学者たち——たとえばスティーヴン・スティッチやチャーチランド夫妻など——は、脳神経科学を基盤とした認知心理学を自然化という企ての武器にしている）。

ところが、ハークによれば、純粋にアプリオリな議論による認識論の構築の不可能性ということと、その自然化の要請とはこれまたまったく別の事柄であり、たとえ認識論的正当化に関するアプリオリな議論がそれ自体としては無効であるとしても、信念の正当化に関わる規範の問題は依然として有意味な問いとして残っている。われわれの認識に関して超越論的な正当化などを否定して、人間の認識を自然主義的にとらえる立場を採用しても、そのことはクワインなどがいうように、信念の正当化の作業を自然科学の一分野ととらえる、哲学の自然化の企てに与《くみ》することにはならないのである。

彼女自身の立場は、認識論は一種のダブル・アスペクト説を採用するべきだ、というものである。信念がよい証拠にもとづいて正当化されるということの実質的な意味は、それが外的な事実との対応関係をもつとともに、複数の信念間の整合性を保持していることである。いいかえれば、信念の正当化の作業には、外からの知覚的情報の取得という意味での「原因」と、認識者の手元にある複数の信念の論理的整合性という意味での「理由」とが、互いにより合わさった形で関与する。認識の正当化は、基礎づけ主義と整合説のどちらでも不十分で、それらを複合することが必要である。

ハークはこの立場を「基礎づけ的整合説（Foundherentism）」と呼ぶが、これが認識論におけるダブル・アスペクト説といわれるのは、デカルト以来の心身問題におけるスピノザ主義と同様に、何らかの同じ事態に関与する二つの側面をどちらも並行的に認める立場であるからである。

ただし、彼女がこのハイブリッドな二側面説を着想する源泉は、神即自然を説くスピノザの形而上学ではなくて、パースの形而上学のほうにある。パースは父親の数学者ベンジャミン・パースとともに、「観念論的実在論（Ideal-realism）」という奇妙な存在論を採用していた。これは宇宙の内なる一切の存在者には精神的な要素が何らかの形で残っている、という考えである。パースは「物質とは活力を失った精神である」とも述べたが、この発想は汎心論の一種であると考えることができる。ただし、彼らの存在論の一つの要点は、この発想をとることで、宇宙全体の進化論的本性をはっきりさせることができること、さらにもう一つは、「真理」という概念の内実を確保できることにある。パースの真理概念では、客観的な真理は私やあなたという個々の主観からは独立である。しかし、真理は無際限に継続される探究の共同体の最終的合意点という意味では、精神活動から独立ではない。観念論的実在論とは、この独特の真理概念の存在論的な基礎を与えるのである。

†認識の正当化は可能か

さて、認識の正当化がこのように二側面的なものであるとすると、この正当化に寄与する経験的な「証拠」の意味もハイブリッドなものになる。単純な経験論の認識論では、仮説に関わる証拠の成立は、感覚的経験にもとづく情報の取得そのものである。しかし、この種のナイーブな認識論は「所与の神話」批判からしても、到底受け入れられない。ハークによれば、証拠の採用はむしろ、クロスワードパズルにおける文字の発見になぞらえて理解されるべきである。クロスワードパズルでは、さまざまなヒントをもとに単語を作る文字が探られるが、この探究は二つまたはそれ以上の、縦横に交差した単語の共通の文字の探索、という形をとっている。つまり、ある文字の発見が関連する単語を成立させるだけというのではなくて、その発見が別の言葉の成立にも力を貸す必要がある。

証拠はこのように、原因と理由の両方を担う正当化の作業と密接に結びついているので、互いに入り組んだ形で行われるが、このモデルは、パースの知識論が信念の効力を可謬主義的にとらえ、すべての信念と懐疑との連続的な過程を強調したことに呼応している。また、後期のウィトゲンシュタインも、認識の効力を「綱」として解釈し、それぞれ単独では証拠として乏しい信念や仮説も、より合わさることで正当化されると論じたが、この発想もクロスワードパズルとしての証拠というアイデアと同じである。彼らの可謬主義や反懐疑論がいわんとするところはまさに「基礎づけ的整合説」であった、というのがハークの解釈である。

他方、ハークによれば、この認識論によってわれわれの真理に関する何らかの哲学的議論の擁護がストレートにできるかといえば、そうではない。たしかに、われわれが普通に発する何らかの信念の主張的言明には、それが「真である」という言明も少なくとも陰覆的には含まれている。信念をもって発せられる主張は、「それが真だ」という含意を伴っている。したがって、信念の所有と真理の主張への傾向とは概念上完全に切り離せない。

しかしながら、真理とは何かという問いはそれ自体としては解決できない。なぜなら、これまで提起されてきたさまざまな真理の分析——アリストテレスの対応説、ラッセル＝前期ウィトゲンシュタインの構造的相同説、タルスキの意味論的モデル説、ラムジーの真理余剰説、等々——には、それぞれ長所短所があって、決定的な真理の概念分析が与えられているとは考えられないからである。したがって、真理の意味が不確定である以上、ある信念なり仮説なりが正当化されているとしても、それがすなわち真なる信念であるとは、いいきれない。そこで、真理の問題はあくまでも間接的にのみ分析されることになる。

認識論において探究の方法に関する優劣が論じられるとしても、それが真理の保証を与えるわけではない、というこの議論も、実はパースがもともと提起していた議論である。われわれは固執の方法を採用するよりも、科学的探究の方法を採用するほうが、より堅固な信念を獲得できるであろう。しかし、信念は信念であり、真理ではない。科学的探究に従った信念について、われわれはそれが真であることを希望することができるが、それを保証することはできない。パースはこのように論じたが、ハークも同じ方向で議論をする。

ハークは次のように論じる。もしも「われわれが手にするさまざまな証拠」に関して、その堅固さや蓋然性、真理の示唆力についての評価が可能であり、この評価に従って「よい証拠」というものが明示化できるというのであれば、基礎づけ的整合説の視点から見て正当化されている信念は、真理の候補として真剣な検討の対象となる権利がある。つまり、この視点から見て正当化の度合いが少ない信念よりも、多い信念のほうが、「われわれの真理」と見なされる権利をより多くもつ。ただし、この権利は、あくまでも証拠のよしあしについてはっきりとした評価が可能である、という条件付きのものである。さまざまな探究の分野において、われわれの経験的証拠のもつ真理の示唆力が、つねにはっきりと評価できるとはまったく限らない。

したがって、人間にとっての真理の獲得の可能性はどこまでも条件付きのものである。わたしたちが科学的探究の長い歴史の果てに、真理へと大きく近づいているのかどうかは、ハークの立場ではけっして自明ではないのである。

†ミサックによるパースの真理概念再考

さて、以上がハークの認識論と方法論である。これは哲学の主張としては結果的にかなり穏健なものであるが、この立場の輪郭をより鮮明にして、パース的色彩をさらに強めようとしたのが、今世紀のプラグマティズム運動の世界的な展開において中心的な活躍を見せている、シェリル・ミサックである（ミサックはオックスフォードでデイヴィド・ウィギンズとハークの下で博士号を取得し、先述のようにカナダのトロント大学で教鞭をとっている）。

ミサックの目立った功績は、先に挙げた『新しいプラグマティスト』のみならず、プラグマティズムやアメリカ哲学に関する啓蒙的な論文集を、いくつか精力的に編集してきたことにある（『ケンブリッジコンパニオン・パース』や『オックスフォードハンドブック・現代アメリカ哲学』など）。しかし、彼女はもちろん、こうした啓蒙活動を行う以上に、独自な理論的展開を行ってきた。その主なものは次の二つである。①これまでのプラグマティズムの歴史において、ほとんど敬して遠ざけられてきたともいえる、パースの真理論について、あえてその意義を問おうとした。また、②この真理論を下敷きにしたとき、道徳哲学や政治哲学においてプラグマティズムはどのような形をとりうるか、を問題にした。

彼女が①を論じたのは『真理と探究の終わり』（初版一九九一、第二版二〇〇四）であり、②を取り上げたのは『真理・政治・道徳』（二〇〇〇）である。

まず、彼女は『真理と探究の終わり』において、真理を「継続的探究の収束点ないし終極点」と等置するパースの真理概念の再吟味を行っている。本書の第一章で見たように、プラグマティズムの創始者であるパースは、デカルト的な明晰判明知という意味での真理概念を否定する一方で、探究の論理の文脈での真理の意味を分析して、真理とは「探究の共同体という理念的な組織を考えて、そこでの無際限な継続の果てに、無限の過程の収束点として考えられるような、最終的信念」である、というユニークな思想を主張していた。しかし、この主張は一見して明らかなように、いろいろな意味で謎めいたところや、納得できない部分を含んでいる。

たとえば、無際限な過程と最終的な収束点ないし終極点とはどう関係しているのか。それは、無限と終結という意味で、矛盾概念ではないのか。あるいは、探究の共同体という理念的な組織は、現実にあるこの人間社会の科学者集団とどう関わっているのか。探究者とは生物的な意味での人間を超えて、何であれ知的生命体であれば、その共同体のメンバーと認められるのか。そして、たとえわれわれが理念的な意味で、無際限な探究の継続の最終的な終結ということを認めることができたとしても、実際の探究の過程の内部で、自分たちの信念が最終的な収束を迎えたことを、われわれはどのようにして確認できるのか。いいかえれば、信念の収束という概念のプラグマティックな意味は何なのか。

これらの批判はどれももっともなものであるが、パース自身は無限小解析などで見られるある特定の数への数列の収束などを念頭において、この思想が矛盾のないものであると考えた。これに対してクワインは、『ことばと対象』などで鋭いパース批判を展開し、数学上の数の収束と共同体における信念の収束とはまったく別の事柄である以上、右のような真理の分析は無内容であると断じた。

†ミサックによるパース改訂

さて、ミサックはこうした批判のすべてをかわすことができるとは考えない。しかし、この真理論には実際に細かく検討してみるに値するいくつかの論点が含まれている、と主張する。

まず、真理と収束点ないし終極点の関係は、正確にはどのようなものなのか、これが問題である。よく考えてみると、探究（Inquiry＝I）と真理（Truth＝T）と終極点の間には、「もしも探究の終極点においてえられた信念がpであるとすれば、その信念は真理であろう」というI—T条件文で表される関係と、「もしも信念pが真理であるとすれば、それは十分に長期にわたる探究の結果として、最終的に確証されるであろう」というT—I条件文で表される関係の、二通りの関係があるはずである。パースはこれらの二つの関係の微妙なあり方を十分に注意しなかったために、探求の収束が真理を作るのか、真理が探究の終結をもたらすのか、という点に関して明確な説明を与えることがなかった。

しかしながら、彼の探究の理論がもともと反デカルト主義という意味で、「理性にとって快い」という基準に従ったアプリオリな真理の探究ではなく、外的な要因に拘束された可謬的なプロセスというものだとすれば、その真理概念においても、真理の側に探究への積極的な拘束力を認めるものでなければならないはずである。したがって、彼の本来のプラグマティズムの立場では、真理の意味は後者のT—I条件文のほうでなければならず、真理が探究の終結をもたらすのだ、ということを明示しなければならなかったのである。

しかも、「真理であれば、十分に長期にわたる探究の結果として確証されるであろう」という議論については、もう一つ、「探究の終結という事態の判断そのものはいかにして可能なのか」という問題もからんでくることは明らかである。仮にある信念に関して、一見したところ広い範囲での意見や信念の合意が認められるという事態が生じているとしても、この事態が本当の意味で収束であるかどうかは、探究の内側からは明確に判断できることではない。そうであるとすれば、探究の終結という概念そのものが、プラグマティックな意味の格率からして、無意味だということにもなりかねない。

そこで、ミサックは、この概念はより厳密には、次のようなものに書き換えられるべきだと考える。すなわち、探究の終結とは、終結の成立という事態そのものについての判断ではなく、「十分に長期にわたる将来の探究の吟味にも耐え続けている」という、それまでの探究過程への反省的な判断である。この改訂によれば、真なる信念とは、これまでのあらゆる実験、評価、討議に照らしても、当該の探究の目的を満たすような経験に合致していて、これ以上改良の余地のない信念と見なされるもの、ということになる。彼女の理解では、こうした改訂によって、パースの真理概念が数学的な概念との誤った類比を含むという、クワインの批判をまぬかれることができるのである。

†パースの格率再考

ミサックはこのように、パースの真理概念の分析を厳密化したり改訂したりする必要を指摘するが、さらに、古典的プラグマティズムのもっとも主要な礎石ともいうべき、「プラグマティックな意味の格率」そのものについても、この一五〇年間の批判的解釈や新しい分析の成果に応じて、再考が必要だと論じる。

パースの格率は、正確には、「概念の対象は何らかの効果を及ぼすとわれわれが考えているとして、もしその効果が行動に対しても実際に影響を及ぼしうると想定されるなら、それはいかなる効果であると考えられるか、しかと吟味せよ」、というものであった。しかし、この格率でいわれている「行動に対して実際に影響を及ぼしうる効果」とは、厳密にはどのような効果のことなのか。この格率が有効に活用されるためには、「効果」や「実際的帰結」の意味がさらに明確になる必要があるが、しかしその明確化の作業によって、特定の探究のみに焦点が当てられ、それ以外の探究分野における適用が不可能になることも困るだろう。

ミサックはこのディレンマを回避するために、探究の多元的な広がりに応じて、効果や帰結の意味も、それぞれの分野に特有な仕方で理解される必要があるという。彼女の考えでは、パースは単なる自然科学的探究の有意義性を追求しただけではなく、論理学の妥当性や、形而上学的原理の合理的受容可能性についても議論していたのであるから、当然のことながら、その有意味性の基準は、論理実証主義的な狭い基準であることをまぬかれ、形而上学的探究について有効性を確保できるようになる必要がある。

しかしこのことは、たとえば先に見たマクベスの数学論の解釈でも鮮やかに示されたように、実際にこの格率に従って独自な分析がなされていることから見ても、十分に承認できる。したがって、意味の格率における「効果」や「帰結」の意味は、探究の分野に応じて、それぞれの仕方で理解される必要がある。ミサックの解釈では、パースの理論的立場は、まさに探究という文脈に属する多様な探究スタイルに密着して、「信念・効果・真理」の結びつきを理解する立場であり、そのゆえに科学や形而上学のみならず、道徳や政治的問題に関する実践哲学的探究に関しても、有効活用できるようになるというのである。

それでは、道徳的信念の可否をめぐる論議には、この種の実在論的な真理概念が適用可能なのか、そうではないのか——。これこそ今日の実践哲学上の中心的問題の一つであるといえるが、第二の主著である『真理・政治・道徳』で、彼女は次のように論じている。

今日の道徳哲学や政治哲学の構想においては、真理概念に対する強い懐疑が浸透している。民主主義的体制を他の政治体制に優先する立場と認める理論にあっても、その真理や正当性についてはとりあえず判断を停止し、あくまでも手続き的な公平性に訴えると同時に歴史的な有効性についても顧慮することで、十分にその優位性を確保できるとするのが、今日のこの分野での一般的な傾向である。その理由は、現代社会における価値基準や信念体系の多様性があまりにも顕著であるために、多元的信念の評価のためのメタ的な議論はほとんど不可能に思われるからである。こうした哲学的正当化の議論を拒否する実践哲学の代表として、たとえばジョン・ロールズの『正義論』以降の理論的立場を考えることができるが、ローティもまたこのロールズの「政治的であって形而上学的ではない」分析の方向を大いに賞賛してきた。

†ロールズ、ローティの自文化中心主義

周知のようにロールズの『正義論』(一九七一)は、社会的正義をめぐる現代哲学においてきわめて有力なものと認められてきた。それは古典的な契約論のスタイルをとりつつ、カント的な「自由と平等」という意味での正義の理念を擁護し、帰結主義的な功利主義の倫理思想や政治哲学を批判する立場として有名である。この哲学はしかし、その理論的洗練と明確なメッセージ性によって、広い支持を勝ち得たのであるが、同時にさまざまな批判にさらされることになった。その批判の一つは、この理論が一見したところ、カントやホッブズと同じように知性主義ないしアプリオリズムに立っているようでも、実際にはその自由と平等の擁護に関して、けっして純粋に形式的な論理に従っているのではなく、むしろ現在のアメリカ社会のような現実の社会的条件や制約を、暗黙のうちにその理論構成

に混在させており、その限りでけっして普遍的とはいえない理論だ、という意見である。

ロールズは自分の理論に対するこのような批判を受け入れて、その正義のヴィジョンが歴史的・地理的な制約や恣意性をもつものであることを認め、自由と平等を柱とする「公正としての正義」が、特定の文化的・社会的法制度の文脈でのみ妥当するものであることを承認するようになった。そして、このロールズの自説に対する一種の相対化を積極的に賞賛したのが、あらゆる意味での普遍的正当化の試みの不可能を主張するローティである。

ローティによれば、ロールズのこうした軌道修正は、価値や真理の主張がまさに自文化中心的にしか可能でないことを、政治哲学の分野で確認した、非常にすぐれた洞察である。「われわれ豊かな北アメリカ人」にとっては、リベラリズムと民主主義とはかけがえのない社会的理想であるが、それが理想的原理であることの根拠を、哲学的に与えることはできない。リベラリズムは寛容の精神に則って、歴史や法体系を異にする文化に対しても、その価値基準に耳を傾ける用意はあるが、もしもその異質な文化が寛容の精神を認めない極度に専制的な主張を軸にするものであれば、そうした文化は「狂った」思想であるとして、対話を拒否することができる。

この自文化中心主義は、哲学的な正当化を放棄しているという意味で、「軽薄」な思想である。しかし、その軽薄さの奨励は、大規模市場経済の交流や識字率の増大などと同じ

ように、伝統からの束縛を緩め、「世界の魔法を解く」という意味で、むしろ道徳的に好ましい態度なのである。(21)

†真理と探究の相補的支持関係

さて、ミサックによれば、リベラリズムと民主主義に対するこうした「政治的であって形而上学的ではない」擁護は、その一見したもっともらしさにもかかわらず、哲学的にも社会的にも容認できるものではない。というのも、この種の議論は基本的に、専制的な多数決によるイデオロギーの支配などを、議論としては反駁できず、ただ「狂っている」という態度表明しかできないという意味で、民主主義の継続に対する危険をもたらすばかりでなく、認識論的にも間違った哲学に従っているからである。

ハークのところで確認したように、われわれが何らかの信念をそれぞれの立場から抱くとき、われわれは信念の真理を主張する傾向を暗黙的に引き受けている。なぜなら、信念とは懐疑と結びついた探究という過程のなかでのみ、生きた働きをするものであり、そして探究は、基本的に真理へと到達することを目標とする精神の作業であるからである。したがって、信念の主張とは、その信念の真理の主張であり、その主張には「必要とあれば信念の証拠や理由を提供する用意がある」という態度へのコミットメントが含まれている。

たしかに、認識論的な正当化と、その主張の真理性への議論上の責任の引き受けということは、直ちに同じ事柄に帰するというわけではない。しかし、そこに何らの結びつきもないと主張することは、信念をもっぱら探究の文脈から理解するという、プラグマティズムのもっとも基本的な原則を放棄することに等しいのである。

真理と探究との間には密接なつながりがあることを見逃すことはできない。したがって、哲学的な反省は、どの種類の真理に関しても、その実際上の具体的な探究の作業に即して論じられなければならない。それゆえ、道徳的ないし政治的な反省においては、政治理論や道徳理論が唱える個々の価値判断、法の正当性、統治の基準やもろもろの政策についての合理性や真理の評価と、それらを見出す討議、合意、論争、反省という探究の方法との間に、相補的な支持関係が成り立っている必要がある、ということになるのである。

われわれは自分の信念の表明において、知的探究に関する諸原理の下に拘束されている。その諸原理とは、われわれは自分たちの信念と異なる者の主張にも耳を傾け、その議論や根拠を吟味し、必要とあれば自分の信念を撤回したり改訂したりする用意をもつべきだ、という原理である。これは、探究の論理がその認識論的根拠からして、政治や社会道徳の場面における「討議的民主主義（deliberative democracy）」の採用を推奨する、という議論である。討議的民主主義は、実践哲学の領域において、方法論的に要請されている。

しかし、その要請のもとで、具体的にいかなる法の体系が採用され、いかなる正義の理念が承認され、いかなる政策決定のプロセスが承認されるかは、この討議という探究の方法の下で、個々の状況において具体的に吟味されるべき問題である。つまり、この実践哲学では、認識論や方法論からの要請と、具体的な探求の内部での真理の追究とが、二重に働くことになる。したがって、この実践哲学もまた、師のハークの認識論的基礎づけと同様に、ハイブリッドな構造をもっているということになるだろう。

†討議的民主主義の哲学的擁護

ミサックの理論は、パース的な探究の論理から討議的民主主義の擁護を導く議論であるが、この発想をこれまでの実践哲学のさまざまな理論モデルと比較すると、もっとも近い発想としては、ドイツのハーバーマスやアーペルらが唱えた「普遍的言語語用論（プラグマティクス）」にもとづく「コミュニケーション的倫理」の立場があるといえよう。

この点はもちろん、偶然とはいえない。というのも、ハーバーマスもアーペルも、その理論構成の一部にパースのプラグマティズムを積極的に取り入れていたからである。とはいえ、ミサックはこの立場が、われわれの会話という活動に関して、あまりにもアプリオリな分析、超越論的な議論に依拠しすぎている点で、プラグマティズムの哲学としては行き過ぎであると考える。普遍的言語語用論の立場では、一切の言表、主張、信念表明が、同じ発話の原理に支配されているといわれる。しかし、これまで見てきたように、今日のプラグマティズムでは、さまざまな探究の分野における規則や規範の多様性を認めている。討議的民主主義が擁護されるのは、それが発話行為一般の究極の原理であるからではなくて、公共的な社会のなかでの行為選択の問題に特化されているからである。

いずれにしても、ローティ流の自文化中心主義の政治理論では、民主主義が歴史的に重視されてきたという事実を尊重することはできても、その認識論的な価値について議論することはできない。そのために、現実の社会における多数意見が反民主主義に大きく傾くときには、それを強力に批判する視点は与えられないし、必要もないとされる。しかし、認識論的正当化の役割を認める実践哲学においては、討議的民主主義の優位を哲学的に擁護できる、というのがミサックの主張である。

本章のはじめに見たように、『新しいプラグマティスト』の基本的な立場は、プラグマティズムの方向転換のためには、認識や真理の歴史性、多元性、偶然性を認めることと、その正統性を承認し、その正当化を企てることが両立できることを示す必要がある、ということであった。ミサックの場合には、この発想を実践哲学の領域で主張しようとしているのである。

おわりに

†今日のプラグマティズム

本書では全体を三章に分けて、源流にある古典的プラグマティズムの理論から、クワイン以降のネオ・プラグマティズム、そして今世紀のさまざまな哲学者の考えまで、一〇〇年以上にわたるこの哲学思想の流れと、そこに登場する人々の考え方とを、できるだけ要点に絞ったかたちで紹介してきた。特に、私たちにとっての現代である二一世紀の動向については、筆者自身が重要と思われる角度から、その特徴を浮き彫りにしようとしてきたが、今日のプラグマティズムの発想がここで紹介された側面に限られるものばかりではないことは、改めていうまでもない。

何よりも現在の思想動向というものは、それを見る人の関心や立場によって大きく姿を変える。だから、別の論者であればまた別の強調点をもとに、この思想の現在を描こうとすることであろう。読者が今日の哲学動向について、さらに学びたいと思われるのであれば、巻末の「注」のあとに「プラグマティズム入門のための文献」をつけてあるので、その中の現代に関係した著書などから、いろいろと情報をえて下さればと思う。

私の描いたこの思想のストーリーでは、最後になって「数学の哲学」というかなり特殊な分野への注目を行っている。これは、この思想の「創始者」であるパースの哲学が、もともとこの分野を出発点にして構築されたことを考えて、この息の長い思想運動の帰結を見るには、この分野に関する言及を欠かすことはできないと考えたからである。また、現代の世界の哲学界において、多くの若手研究者たちがきわめて熱心に取り組んでいる分野の一つに、数学の哲学という領域があるので、この分野でのプラグマティズムの貢献はどうなっているのかということについて、ぜひ紹介しておきたいと思ったこともある。

数学の哲学はこれまで、ラッセルやカルナップ、クワインをはじめとして、いわゆる分析哲学の潮流の一つの大きな柱をなすものと認められてきたが、そこで正統とされてきた数学や論理の捉え方と、今日のアプローチとはさまざまな点で食い違ってきている面がある。そうした問題関心の変化と今後の可能性を知るためにも、本書で紹介した人々の発想を学ぶことに一定の意味があるのではないか、というのが私の考えである。

しかしながら、プラグマティズムはもちろんきわめて幅広い哲学の方法である。それは数学の哲学としても展開されるが、政治哲学や道徳哲学の分野でも議論される。このことの実例を、われわれは最後のミサックのところで確認したが、こうした実践哲学との関係で見ておくべき哲学者はまだまだたくさんいる。第三章では、ハークとミサックの紹介によって、「現代のプラグマティズムの瞥見をとりあえずしめくくる」と述べたが、最後にさらにもう少しだけ、まだ語り残した哲学者たちについて、「アンコール」的に短く触れておきたい。それは、第三章の最初に登場したブランダムに近しい哲学者、ジョン・マクダウェルとヒュー・プライスの思想である。

†マクダウェル

ブランダムがマクダウェルとともに、セラーズの流れをくむピッツバーグ学派に属する代表的な哲学者であることは、前章で見た通りであり、彼らはローティのプラグマティズムがそのラディカルな主張にもかかわらず、実証主義の残滓をぬぐい切っていない「中途半端」なものであると見なした。この場合の中途半端ということは――ブランダムにとっては――ローティが言語の意味の成立の分析において、語用論を捨象し、「外からの刺激からとそれに対する出力の関係」という意味論的な視点を中心にすえたために、言語の規範や意味の基準があらかじめ定められた論理形式に従うのではなく、社会的実践のなかでの「実質的」規則に依存するという、「我と汝関係の下での実践」の次元を見逃しているということであった。

マクダウェルはこれに対して、カントとアリストテレスの問題意識を再解釈することで、「人間としての経験に即した客観性」を『心と世界』などの著作で展開したのであるが、この種の実在論・反実在論の問題とは別に、彼の場合にもブランダムとは別の角度から、「我と汝関係の下での実践」の次元の重視ということが認められる。それは、倫理的な評価や判断に関して、「普遍的な規則や原理」への依拠という方法を廃して、個別的な場面に即した当事者どうしの間での倫理的姿勢や判断を、実践哲学の核として考えようという発想である。この種の思想傾向は現代では、倫理学における「個別主義（particularism）」と呼ばれている。

マクダウェルは人間の道徳的評価や倫理的判断が、何らかの普遍的な原理や原則に従って形成されるという、従来の哲学の発想に大きな疑問を提起している。伝統的な哲学では、カントの義務論であれベンサム＝ミルの功利主義であれ、何らかの善悪の判断基準が一つの普遍的な基準によって形成されていると考えられてきた。個別主義はこの基本的考え方に反対して、われわれの価値判断は行為の当事者どうしの交渉の現場において、具体的な思慮として遂行されるものであり、それは人間一般の普遍的な交渉場面に妥当するような、理性ないし直観にもとづく原理への訴求や原則との照合を含むものではない、とする発想である。

マクダウェルはこの思想を『心と世界』に続く主著で、道徳論についての論文集である『心、価値、実在』で展開しているが、彼がそこで重視するのはアリストテレスの倫理学において重視される「プロネーシス」という考えである。プロネーシスは広い意味では「知恵」と解してもよいが、アリストテレスの倫理学では「思考にかかわる徳」の一つであり、観想的な知識や知恵とは別次元での、実践にかかわる知、すなわち「思慮」であるとされている。思慮は行為者が自分の目指す目的を具体化し、自分が置かれた状況のなかでの可能な選択肢を考慮し、最善のものを選択するように自らを導こうとする心の働きである。

マクダウェルはわれわれが、さまざまな道徳的規範へとコード化できないような、具体的な状況下での善悪の判断能力を「一種の知覚能力」としてもっていると考える。彼は道徳哲学が、個別的状況下で発揮されるこのような思慮の働きという視点を再生させる必要を説いているが、それはまさに、デューイが説いた個別的状況下での問題解決の共同的模索ということに、民主主義の意義を認めるという意味で、プラグマティズムの思想に連なる発想であるといえるだろう。(22)

†プライス

他方、ブランダムのようにプラグマティズムの採用において、真理概念を完全には廃棄しない方向を模索する意識を共有しつつ、倫理的・価値論的言語表現の使用を含む言語一般の本性を分析したもう一人の哲学者として、ヒュー・プライスの名前を挙げることもできる（プライスは一九五一年の生まれ、オーストラリアのシドニー大学にある「時間研究センター」のセンター長を務めたのち、現在はケンブリッジ大学哲学科のバートランド・ラッセル記念教授という重要なポストについている）。

プライスがそのプラグマティズムの採用において標榜するのは、倫理学における個別主義ではなくて、「表出主義（expressivism）」という考えである。表出主義とは言語哲学のなかで、さまざまな言語表現が外的な事実を描写したり「記述（describe）」するのではなく、その言語使用者の心のあり方を外へと「表出（express）」しているのだ、という発想をとる見方である。「現在の天気は晴れだ」といえば、この文は事実の描写を行っているが、「明日天気になってほしい」といえば、この文は発話者の願望を表出している。ここには記述と表出の区別があるが、この区別はだいたい外的事実をめぐる信念の主張・言明ということと、内的な心の欲求や感情の表出ということとの区別、つまり客観的事実言明と主観的価値判断の区別に対応している。言語哲学における表出主義は、何らかの重要な言語使用が、記述ではなくて表出であることを重視する必要があるという立場である。

道徳判断や価値判断を伝える言語表現が発話者の表出であるという考えは、クワインのところで見た論理実証主義においても基本的に採用されていたが、現代のメタ倫理学の分野でも多くの支持者をもっている。一般にこの思想の起源は一八世紀スコットランドの哲学者であるヒュームであると見なされているが、プライスはわれわれがヒュームの哲学から、人間精神に関する「自然主義」とともに、判断に関する表出主義を学ぶべきであるという。人間精神に関する自然主義とは、哲学は人間存在に関して科学の教えることに矛盾する理論を立ててはならない、というモットーである。また、ヒュームの表出主義とは、道徳的判断が理性的な言明であるというよりも、「間接的な情念の穏やかな表出」であるという考えである。

プライスはこのように、現代の哲学は基本的にヒュームの路線に従うべきだと考えるが、この表出主義を言語のある一部分に関する性質とする見方にとどめないで、言語の使用全体に関して全面的に認めるべきだという。つまり、ローカルな表出主義では不十分で、グローバルな表出主義をとる必要があるというのである。プライスがこの方針を提唱するのは、彼がブランダムとともに、言語に関する語用論の優位を認めるからである。「われわれのすべての言表は、人間の相互交渉というレンズを通して見られるべきであり、意味論的関係という形而上学のレンズを通してであってはならない」。彼の哲学が現代のプラグマティズムの一理論に数えられる理由は、まさに言語に関する（ローティ以来の）この反表象主義のゆえである。

われわれの認識作用が外的世界を映し出す。これがローティのいう「自然の鏡」としての人間精神のイメージ、すなわち「表象」としての心の作用のモデルであった。プライスはこのモデルを形而上学的であるとして、全面的に批判する。すべての意味作用は、言語使用者相互のコミュニケーションにおける推論的ゲームのなかにしか存在しない。しかしながら、「表象」すなわち言語のもつ対象指示的・意味論的機能は、ブランダムもまたそうであったように、このモデルにおいても別の側面から認められる。プライスの説では、ゲーム外的な表象（e表象）とは別にゲーム内的な表象（i表象）というものがあり、個々の言語表現は言語ゲームのなかで、あるいはセラーズのいう「理由の空間」のなかで、互いとの関係を軸にして、何かを表象する。たとえば、「シドニー」という言葉は、「ニューサウスウェールズ州の州都」「パースの東に位置する」「ロンドンより温暖」などの、さまざまな関係を支えにして、指示機能ないし表象作用をもつことができる。

プライスは、グローバルな表出主義と反表象主義を認めても、表象という概念そのものを廃棄する必要はないと考えるが、彼はその延長で、言語活動における「誠実性」「正当化」「真理」などの規範もまた、言語行為に加わる人々自身によって意味のある規範であると認められており、しかもそれぞれ別個の規範であると認められている、と論じる。誠実性は自分が信じていることを表出せよという規範であり、正当化は単に信じているだけでなく、自分がもっている理由や証拠に照らして妥当だという保証つきの信念を表出せよ、という規範である。そして、真理とは、自分の表出する信念が正確であり、これに反する者の意見は間違っていると見なす用意がある、という規範である。

プライスはこの最後の規範を採用することこそ、われわれが自分自身を会話や言語ゲームの参加者と見なすことの核をなしている、と考える。つまり、われわれは真理という概念の有意味性を認めて初めて、自分が言語ゲームの参加者であることを自覚できる。かくして、ローティやブランダムの反表象主義、推論主義の路線を継承するというかたちで、そのプラグマティズムの立場を標榜するプライスも、最終的にはミサックと似たような意味で、真理という概念の有効性を認めるところに帰着するのである。(23)

†哲学と気質の問題

さて、私たちは現代のプラグマティズムを考察した前章とこの「おわりに」だけでも、規範的語用論、推論主義的意味論、ヘーゲル的プラグマティズム、基礎づけ的整合説、プラトニズム、個別主義、自然主義、表出主義などなど、実にさまざまな細かい主義やイズムを扱ってきた。哲学の議論ではいつでも、さまざまな立場を表すために、いろいろなレッテルを貼って区別するが、以上のようなイズムだけでも、われわれはすでに十分すぎるほどの理論の区別を手にしている。

ところで、こうした諸々の立場の乱立ともいえるような状況は、現代のプラグマティズムのどのような特徴を示しているのであろうか。この思想はまさしく、現代の世界の哲学界においてもっとも多くの注目を浴びる思想の一つとなっている。したがって、現代における関心の高さに呼応するように、この思想のなかにもいろいろな視点が百花繚乱に咲き乱れている、と考えてもよいだろう。まさに、プラグマティズムの興隆がこうした視点の多様性を促しているということも、たしかにいえそうである。

とはいえ、ここでもう一度、本書の最初のほうで見た、哲学という知的営みに関するジェイムズのユニークな見方を振り返りつつ、少しだけこのプラグマティズム内部における主義主張の多様性ということを考えてみることにしよう。

ジェイムズは、ラッセルなどから自分の真理論が粗雑な相対主義であると批判されたときに、その返答として、哲学はもともと皆が考えているほどには理性的な思考作業からできているわけではない、と主張した。哲学の理論を支えているのは、純粋に理詰めの議論や推論ではない。むしろ、哲学の長い歴史を通じてさまざまな問題に関する決着や解決がないことは、哲学の討議がある種の気質、感情的な傾向のぶつかりあいからできていることに、その根本の理由がある。

ジェイムズはこう主張して、合理論と経験論、唯名論と実在論、一元論と二元論の対立などのいつ果てるともしれない論争が、「理論的な」対立というよりも、本当は「気質上の」対立であると断定した。彼の気質モデルでは、人間には「柔らかい精神」と「堅い精神」の二つがあって、これらの対立が一元論と二元論の対立などを生み出してきた。プラグマティズムはまさに、哲学的議論の感情的基盤に注目することによって、こうした不毛な対立を克服しようという思想なのである。

では、ジェイムズが目指した哲学における分裂状況の克服は、まさにプラグマティズムという思想を採用することによって、実際に成しとげられてきたといえるだろうか。このことは、以上のようなこの思想の歴史を瞥見したあとでは、もう一度考えなおしてみるべき問題である。現代の多様なプラグマティズムの展開は、純粋にこの思想の知的高揚の表れであるにすぎないのか、それとも、ジェイムズがいっていた、哲学とは理性的議論の問題である前に気質の問題である、という主張のほうがそもそも間違っていたのか——。

この問いへの答えには、おそらく二つの可能性があるだろう。一つは、まさにジェイムズが間違っていたという可能性。この思想がこのように長きにわたり活気ある議論や理論的応酬の場を提供してきたという事実は、哲学の本質がほかならぬ理性的な推論を支柱としていることの、十分な証拠である。哲学にはたしかに気質も関係している。しかし、その重心は理性的な議論や推論のほうにある。そして、この点ではプラグマティズムという思想の運動においても変わらない。哲学の知的な性格は、やはり感情の問題とははっきりと分けて考える必要がある。

もう一つの答えは、ジェイムズの気質への着目は正しかったが、その「柔らかい精神」と「堅い精神」という二分法が、きわめて粗雑な区別で、誤りであったという可能性。私たちの哲学の議論を牽引しているのは実際に気質なのであるが、しかし人間の気質は硬軟二種類であるというには、あまりにも多様であり、複雑である。したがって、プラグマティズム内部にさまざまなイズムや主義主張の乱立があったとしても、何ら不思議ではない。それらの理論はどれも、いくぶんかは理論家の気質を反映している。しかし、人間の気質は非常に多様であるから、気質が生み出した理論の多様性・多種性という事実は、むしろ「人間の自然」ともいうべき次元を照らし出しているのである。

これらの答えに対して、私たちはどのような判定を下すであろうか。ひょっとすると、どちらの答えにも一理ある、ということになるかもしれないが、ここではこの問題を本書の読者への一つの問いかけとして、記しておくことにしたい。

†救世主と裏切者?

読者への問いかけにはもう一つある。

本書では、パース、ジェイムズからハーク、ミサックまで、あわせて一一人のプラグマティストの理論を紹介してきた。これに最後のマクダウェルとプライスの二人を加えると、本書に登場のプラグマティストは合計でぴったり一三人である。

序章で見たように、ジェイムズの直弟子のラヴジョイは、今から一〇〇年ほど前の一九〇八年に発表した「一三人のプラグマティスト」という論文で、プラグマティズムを標榜する哲学者どうしが、実際には非常に異なった哲学を抱いているばかりか、場合によっては明らかに矛盾する立場の人々も含まれていると論じた。当時この思想に賛意を寄せた思想家は、まるで最後の晩餐に出席した一三人のように、さまざまな思惑を秘めており、多くのプラグマティストのなかには、キリストばかりでなく裏切者もまじっているというわけである。

それでは、私たちが本書で考察してきた歴史上の代表的プラグマティスト一三人のなかには、果たして救世主や裏切者がまじっていたのであろうか。誰がプラグマティズムというこの思想を迷いの道から救い出し、誰がそれを殺したのか——。

この問いについても私は読者の皆さんに、それぞれの印象や意見を自分で考えていただきたいと思う。この「おわりに」の最初に書いたように、現在の思想動向というものは、それを見る人の関心や立場によって大きく姿を変える。別の論者であればまた別の強調点をもとに、この思想の現在を描こうとすることであろう。私は自分の関心や「気質」に導かれて、自分なりの仕方でその姿をスケッチする作業を試みてきた。プラグマティズムの長い歴史について、読者の皆さんもまた、本書の議論を参考にして、それぞれの気質にあった独自のストーリーを語られることを期待している。

注

序章

(1) W・ジェイムズ『プラグマティズム』桝田啓三郎訳、岩波文庫、二〇一〇年、五一〜二頁。
(2) 同、六二〜五頁。

第一章

(3) パース「四つの能力の否定から導かれる諸々の帰結」、植木豊編訳、『プラグマティズム古典集成』第五章、作品社、二〇一四年、九四頁。
(4) 同「我々の観念を明晰にする方法」、第七章、一八二頁。
(5) ジェイムズ『プラグマティズム』一六三頁。
(6) 同、二〇二〜三頁。
(7) デューイ『論理学——探究の理論』魚津郁夫訳、「世界の名著」第五九巻「パース、ジェイムズ、デューイ」、中央公論社、一九八〇年、四九一〜二頁。

第二章

(8) クワインの「ギャバガイ」の議論は、クワイン『ことばと対象』大出晁・宮館恵訳、勁草書房、一九八四年の第二章「翻訳と意味」で展開されている。
(9) ローティ『哲学の脱構築』室井尚ほか訳、御茶の水書房、一九八五年、三六〇頁。
(10) 同、六二頁。

(11) パトナムによるジェイムズやウィトゲンシュタインの解釈は、次の作品で展開されている。パトナム『プラグマティズム——限りなき探究』高頭直樹訳、晃洋書房、二〇一三年。

第三章

(12) Cheryl Misak, ed., *New Pragmatists*, Oxford University Press, 2007, p. 1.

(13) ibid. p. 39.

(14) 以上の社会的実践に即した議論については、以下の著作を参照されたい。Bryan Norton, *Toward Unity among Environmentalists*, Oxford University Press, 1991. Eric Katz and Andrew Light, eds., *Environmental Pragmatism*, Routledge, 1996. Morris Dickstein, ed., *The Revival of Pragmatism: New Essays on Social Thought, Law, and Culture*, Duke University Press, 1998. Richard Posner, *Law, Pragmatism, and Democracy*, Harvard University Press, 2003. 宇野重規『民主主義のつくり方』筑摩選書、二〇一三年。

(15) ブランダムの代表的著作には『明示化』(一九九四)、『理由を分節化する——推論主義入門』(二〇〇〇)、『語ることと行うこと——分析的プラグマティズムに向けて』(オックスフォード大学ジョン・ロック講演、二〇〇八) などがあるが、まだ邦訳はない。しかし、次の著作が、マクダウェルとともにブランダムの言語哲学的プラグマティズムを解説しているので、参考になる。岡本裕一朗『ネオ・プラグマティズムとは何か——ポスト分析哲学の新展開』ナカニシヤ出版、二〇一二年。

(16) ここで紹介している多くのヨーロッパ哲学者の議論や、クワインのパース解釈とそれに対する批判については、次の著作を参照されたい。Kenneth L. Ketner, ed. *Peirce and Contemporary Thought*, Fordham University Press, 1995.

(17) Charles Sanders Peirce, *Reasoning and the Logic of Things*, eds. Kenneth L. Ketner and Hilary Putnam, Harvard University Press. パース『連続性の哲学』伊藤邦武編訳、岩波文庫、二〇〇一年。

(18) Paul Benacerraf and Hilary Putnam, eds., *Philosophy of Mathematics: Selected Readings*, second enlarged edi-

tion, Cambridge University Press, 1983. ベナセラフ「数学的真理」、飯田隆訳、飯田編『リーディングス 数学の哲学——ゲーデル以後』勁草書房、一九九五年、所収。

(19) 以下の二人の思想や解釈については、次のような論文を参照されたい。Claudine Tiercelin, "Peirce on Mathematical Objects and Mathematical Objectivity", in Matthew Moore, ed., *New Essays on Peirce's Mathematical Philosophy*, Open Court, 2010. Danielle Macbeth, "Pragmatism and Objective Truth", in Cheryl Misak, ed, *New Pragmatists*, Clarendon Press, 2007. Danielle Macbeth, "Logic and the Foundations of Mathematics", in Cheryl Misak, *The Oxford Handbook of American Philosophy*, Oxford Univ. Press, 2008.

(20) 以下の二人の思想については、次の著作を参照されたい。Susan Haack, *Evidence and Inquiry: A Pragmatist Reconstruction of Epistemology*, second, expanded edition, Prometeus Books, 2009. Cheryl Misak, *Truth and the End of Inquiry: A Peircean Account of Truth*, Clarendon Press, 1991, and *Truth, Politics, Morality: Pragmatism and Deliberation*, Routledge, 2000.

(21) ここでの議論については、ローティ『連帯と自由の哲学』冨田恭彦訳、岩波書店、一九八八年、を参照されたい。

おわりに

(22) 邦訳の『心と世界』は、神崎繁他訳、勁草書房、二〇一二年。実践哲学を含むマクダウェル哲学を批判的に分析した著作は多いが、ここでは次のものだけを挙げておく。Cynthia MacDonald and Graham MacDonald, eds., *McDowell and His Critics*, Blackwell, 2006.

(23) 次のものが、プライス流のプラグマティズムのマニフェストともいうべき最近の著作である。Huw Price, *Expressivism, Pragmatism and Representationalism*, Cambridge Univ. Press, 2013. 本書にはブランダム、サイモン・ブラックバーン、ポール・ホーウィッチ、マイケル・ウィリアムズのプライス批判と、それへの返答も含まれている。

プラグマティズム入門のための文献

（1）第一章に登場する古典的プラグマティズムの思想家については、非常に多くの翻訳書があるが、なかでも注3で挙げた論文集――植木豊編訳『プラグマティズム古典集成』作品社、二〇一四年――が、パース、ジェイムズ、デューイという三人の思想家の基本論文を一冊に収めていて、参照にとても便利である。

また、プラグマティズムが誕生した一九世紀末の、より広い西洋思想の文脈などについては、次の哲学史の著作を参照していただきたい。

伊藤邦武編『社会の哲学』（「哲学の歴史」第八巻）、中央公論新社、二〇〇七年。

（2）第二章に登場するクワイン、ローティ、パトナムなど、二〇世紀アメリカの主要な思想家については、次の哲学史の著作が参考になる。

飯田隆編『論理・数学・言語』（「哲学の歴史」第一一巻）中央公論新社、二〇〇七年。

この巻には、これらの思想家の詳しい文献表が含まれているので、関係する著作などについて容易に情報をえることができる。

（3）第三章で扱われている最近のプラグマティズムの動向については、注12に挙げたミサック編の論文集『新しいプラグマティスト』のほか、次の二冊が参考になる。

Alan Malachowski, *The New Pragmatism*, Acumen, 2010.
Michael Bacon, *Pragmatism: An Introduction*, Polity, 2012.
（４）以下の著作は、プラグマティズムという思想についてさまざまな角度から論じている。いずれもこの思想の理解をさらに深めるために役に立つ。
魚津郁夫『プラグマティズムの思想』ちくま学芸文庫、二〇〇六年。

齋藤直子『〈内なる光〉と教育――プラグマティズムの再構築』法政大学出版局、二〇〇九年。

新茂之『パース「プラグマティズム」の研究――関係と進化と立論のカテゴリー論的整序の試み』晃洋書房、二〇一一年。

藤井聡『プラグマティズムの作法――閉塞感を打ち破る思考の習慣』技術評論社、二〇一二年。

小川仁志『アメリカを動かす思想――プラグマティズム入門』講談社現代新書、二〇一二年。

大賀祐樹『希望の思想　プラグマティズム入門』筑摩選書、二〇一五年。

仲正昌樹『プラグマティズム入門講義』作品社、二〇一五年。

ジョン・マーフィー、リチャード・ローティ『プラグマティズム入門――パースからデイヴィドソンまで』高頭直樹訳、勁草書房、二〇一四年。

あとがき

今日、プラグマティズムという思想への関心は非常に高まっている。その理由はいろいろと考えられるが、この思想が今日の状況に大いに説得力のある提言を与えうるという点に、関心の理由の一つがあることは、疑いをいれないだろう。

現代の私たちの世界では、きわめて多様な意見や信念が日々洪水のように渦巻いている。このような世界において、「絶対的に確実な知識の追求よりも、暫定的だが信頼に足りる指標の発見が重要である」というパース、デューイの発想や、「異質な信念どうしの持続的な対話によって、これまで想像のできなかった新しい経験の地平が生み出される可能性がある」と考えるジェイムズの思想は、たしかに魅力的な考え方である。

最近では、プラグマティズムへの関心の高さに比例して、この思想についての解説書や研究書も数多く出版されている。本書の巻末には最近のプラグマティズム研究のいくつかを紹介しておいたが、これらの著作が採用するさまざまな視点は、この思想が実に多様な角度からのアプローチの仕方を許容するものだということをよく示している。

本書もこうしたプラグマティズム入門書の一冊だが、特に「哲学としての」この思想のの紹介に努めた。本書は真理や価値、論理や意味など、かなり硬いテーマと思われることの多い、狭い意味での哲学の問題領域について、この思想がいかにそれまでの哲学の伝統と異なったアプローチをとろうとしているか、またこうしたアプローチが二一世紀の現代哲学のシーンにおいて、いかに新鮮なアイデアを提供しているかを中心に記述しようとした。

本書の特徴をあえて挙げれば、まず、息の長い、一〇〇年以上の歴史をもつこの思想を、アメリカの哲学の主要な動向との関係で解説している点にあるだろう。本書ではパースからブランダムら現代の哲学者まで、中心となる思想によってストーリーを組み立ててあるが、その解説部分では、カルナップやクーン、デイヴィドソンやセラーズなど、プラグマティズムの主流にとどまらない多くの思想家についても言及している。そのため、読者は本書を通覧すれば、アメリカ哲学全般の流れの概略も学べるはずである。

本書のもう一つの特徴は、今世紀のプラグマティズムの動向についても、紙幅の許す範囲でできるだけ詳しく紹介しようとした点にある。プラグマティズムの哲学は教育学や政治学の分野でも大きな貢献を行ってきたが、その本来の主題には数学の哲学や論理学の哲学も含まれている。本書ではわが国のこの思想の紹介において、これまであまり注目されてこなかった、この分野での現代のプラグマティズムの展開に光を当ててみることにした。特に、二一世紀の世界でこの分野で活躍している女性哲学者たちの発想について多少とも詳しく論じてみたが、そこでの解説が、この方面でこれから哲学研究に従事したいと考えている若い人々に、何らかの刺激を与えられれば筆者にとっては大きな喜びである。

本書の内容は、筆者の勤めている龍谷大学文学部での講義をもとにしたものである。しかし本書にはまた、二〇一四年に発足した「アメリカ哲学フォーラム」での講演原稿も組み込んである。筆者の講義に参加している大学生、大学院生は、これまでにさまざまな意見や質問を寄せてくれていて、そのことが本書の執筆に際して、内容の掘り下げの作業に大いに役に立った。また、「アメリカ哲学フォーラム」の関係者の方々からは、いくつかの貴重な情報を寄せていただいた。これらの人々すべてに深く感謝申し上げるとともに、筆者が日ごろお世話になっている多くの人々にも、この場を借りてお礼を申し上げたい。

本書の担当として多くの面で助けて下さったちくま新書編集部の松田健氏とは、雑誌『大航海』以来のおつきあいである。『大航海』では「パース　21世紀の思想」という特集に寄稿させていただいたが、その時のテーマをさらにひろげて、このように一冊の新書として世に問うことができたのは、ひとえに松田氏のおかげである。感謝申し上げたい。

二〇一五年一一月

伊藤邦武

ちくま新書
1165

プラグマティズム入門《にゅうもん》

二〇一六年一月一〇日　第一刷発行
二〇二五年六月二五日　第五刷発行

著　者　伊藤邦武（いとう・くにたけ）
発行者　増田健史
発行所　株式会社 筑摩書房
東京都台東区蔵前二-五-三　郵便番号一一一-八七五五
電話番号〇三-五六八七-二六〇一（代表）
装幀者　間村俊一
印刷・製本　株式会社 精興社

ISBN978-4-480-06870-5 C0210

ちくま新書

1060
哲学入門
戸田山和久
言葉の意味とは何か。私たちは自由意志をもつのか。人生に意味はあるか……こうした哲学の中心問題を科学が明らかにした世界像の中で考え抜く、常識破りの入門書。

545
哲学思考トレーニング
伊勢田哲治
哲学って素人には役立たず？　否、そこは使える知のツールの宝庫。屁理屈や権威にだまされず、筋の通った思考を自分の頭で一段ずつ積み上げてゆく技法を完全伝授！

944
分析哲学講義
青山拓央
現代哲学の全領域に浸透した「分析哲学」。言語のはたらきの分析を通じて世界の仕組みを解き明かすその手法は切れ味抜群だ。哲学史上の優れた議論を素材に説く！

964
科学哲学講義
森田邦久
科学的知識の確実性が問われている今こそ、科学の正しさを支えるものは何かを、根源から問い直さねばならない！　気鋭の若手研究者による科学哲学入門書の決定版。

020
ウィトゲンシュタイン入門
永井均
天才哲学者が生涯を賭けて問いつづけた「語りえないもの」とは何か。写像・文法・言語ゲームと展開する特異な思想に迫り、哲学することの妙技と魅力を伝える。

967
功利主義入門
——はじめての倫理学
児玉聡
「よりよい生き方のために常識やルールをきちんと考えなおす」技術としての倫理学において「功利主義」は最有力のツールである。自分で考える人のための入門書。

1143
観念論の教室
冨田恭彦
私たちに知覚される場合だけ物は存在すると考える「観念論」。人間は何故この考えにとらわれるのか。元祖観念論者バークリを中心に「明るい観念論」の魅力を解く。